CARMEN SCHERER

Korpus-
linguistik

Universitätsverlag
WINTER
Heidelberg

Bibliografische Information Der Deutschen Bibliothek
Die Deutsche Bibliothek verzeichnet diese Publikation
in der Deutschen Nationalbibliografie;
detaillierte bibliografische Daten sind im Internet
über *http://dnb.ddb.de* abrufbar.

ISBN 3-8253-5164-5

© 2006 Universitätsverlag Winter GmbH Heidelberg
Imprimé en Allemagne · Printed in Germany
Druck: Memminger MedienCentrum, 87700 Memmingen

Gedruckt auf umweltfreundlichem, chlorfrei gebleichtem
und alterungsbeständigem Papier

Den Verlag erreichen Sie im Internet unter:
www.winter-verlag-hd.de

www.kegli-online.de

Vorwort

Als ich vor gut sechs Jahren begonnen habe, ein eigenes Korpus aufzubauen, hätte ich nicht gedacht, dass ich eines Tages eine Einführung in die Korpuslinguistik schreiben würde, obwohl – oder vielleicht auch gerade weil – ich damals vergeblich nach einem solchen Buch gesucht habe. Dass die Zeit reif war für eine Einführung, die sich aus germanistischer Perspektive mit Korpuslinguistik beschäftigt, zeigt nicht nur die Fülle von korpusbasierten Untersuchungen zum Deutschen, sondern auch die steigende Zahl an Lehrveranstaltungen an den Universitäten und das Interesse der Studierenden an eigenen Korpusuntersuchungen.

Ziel dieses Buches ist es, dem Leser bzw. der Leserin ausreichendes Grundlagenwissen für eine eigene Korpusuntersuchung zu vermitteln. Dabei richtet sich das Buch insbesondere an Studierende der Germanistik, die im Rahmen einer Haus- oder Examensarbeit mit einem Korpus arbeiten wollen. Dieses Buch ist also als Einführung für Germanisten und nicht für Computerlinguisten gedacht.

Am Ende des Buches finden Sie einen Informationsteil, der einen Überblick über alle im Buch genannten Korpora bietet. Dort finden Sie auch eine Reihe von Quellen, wo Sie weitere Korpora, elektronische Texte, Programme und nützliche Informationen finden können. Alle Internetadressen beruhen auf dem Stand vom März 2006. Da die Korpuslinguistik eine lebendige Disziplin und das Internet ein schnelllebiges Medium ist, können sich jedoch jederzeit Veränderungen in den Adressen ergeben.

Ich möchte mich an dieser Stelle bei einigen Freunden und Kollegen bedanken, ohne die es dieses Buch nicht, oder nicht in dieser Form, geben würde: bei den Herausgebern Jörg Meibauer und Markus Steinbach für ihre freundliche und kompetente Betreuung, bei Daniela Krause für ihre Kommentare aus studentischer Perspektive und ihre Unterstützung bei all den Feinarbeiten, die so unglaublich viel Zeit fressen, sowie bei Stephan Scheffe, der das Manuskript in seiner sorgfältigen Art Korrektur gelesen hat.

Mein besonderer Dank geht an Anke Holler, Heike Zinsmeister und Stefan Engelberg, die trotz voller Terminkalender das Manuskript zu diesem Buch gelesen und kommentiert haben: Stefan Engelberg hat an verschiedenen Stellen klare Definitionen eingefordert, Anke Holler hat mir geholfen, den roten Faden wiederzufinden, den ich zeitweise verloren glaubte, und Heike Zinsmeister hat mich selbstlos vor ungenauen, falschen und gewagten Aussagen zu Baumbanken, Annotation und Co. bewahrt.

Inhaltsverzeichnis

1. Korpuslinguistik – was ist das?

1.1 Empirisch arbeiten in der Sprachwissenschaft

Die Sprachwissenschaft oder Linguistik befasst sich mit der Untersuchung von menschlicher Sprache. Ein Satz wie *Wegen dem Regen fiel die Party aus* oder eine Pluralform wie *Praktikas* lassen sich mithilfe linguistischer Verfahren analysieren und beschreiben. Im ersten Beispiel etwa folgt auf die Präposition *wegen* eine Nominalphrase im Dativ (*dem Regen*). Im zweiten Beispiel wird an die entlehnte Pluralform *Praktika* ein -*s* angehängt, das ebenfalls den Plural markiert.

Beide Fälle werden von Sprachwissenschaftlern, aber auch von Sprachbenutzern immer wieder diskutiert. Während es der Sprachwissenschaft hauptsächlich darum geht, das Zustandekommen der Formen zu erklären, stellen sich Sprachbenutzer häufig die Frage, ob eine Pluralform wie *Praktikas* richtig ist und ob man *wegen dem Regen* oder *wegen des Regens* sagt. Die Sprachwissenschaft gibt auf die Frage nach richtig und falsch keine Antwort. Sie bewertet Sprache nicht, vielmehr unterscheidet sie zwischen Formen, die bestimmten sprachlichen Regeln entsprechen, und solchen, die dies nicht tun. Man muss aber kein Experte sein, um festzustellen, dass es Sprecher gibt, die *wegen* mit Dativ verwenden oder die Pluralform *Praktikas* zu *Praktikum* bilden.

Sprachwissenschaftliche Theorien erlauben es, diese beiden Phänomene zu beschreiben und in das Sprachsystem einzuordnen. Die Frage, ob *wegen* mit Dativ oder die Pluralform *Praktikas* im Deutschen Seltenheitswert haben oder ob sie, im Gegenteil, weit verbreitet sind, können Theorien über das Sprachsystem allerdings nicht beantworten. Um eine Antwort auf diese Frage zu finden, muss man vielmehr den tatsächlichen Sprachgebrauch untersuchen und die Auftretenshäufigkeit eines bestimmten Phänomens ermitteln. Das bedeutet, man muss empirisch arbeiten.

Beide Ansätze, der theoretische wie der empirische Ansatz, verfolgen dasselbe Ziel, nämlich die Sprache zu beschreiben. Während beim theoretischen Ansatz bevorzugt das Sprachsystem den Gegenstand der Untersuchung bildet, ist es beim empirischen Ansatz der Sprachgebrauch.

Aufgabe 1: Überprüfen Sie mithilfe einer beliebigen Suchmaschine den Sprachgebrauch im Internet. Finden Sie die Formen *wegen dem Regen* bzw. *wegen des Regens* und *Praktika* bzw. *Praktikas*? Wenn ja, welche der Alternativen wird häufiger verwendet? Um wie viel häufiger wird sie verwendet?

1.2 Methoden der Sprachwissenschaft

Korpuslinguistik ist neben der Befragung von Sprechern und Experimenten eine der Methoden, um Sprachgebrauch anhand von authentischen Sprachdaten zu untersuchen. Um herauszufinden, wie verbreitet die Pluralform *Praktikas* im Deutschen ist, könnte man eine Gruppe von Sprechern mit deutscher Muttersprache fragen, ob sie die Pluralform *Praktikas* bereits gehört haben und ob sie sie benutzen. Eine weitere Möglichkeit, den Sprachgebrauch zu untersuchen, besteht darin, ein Experiment zu machen. Um festzustellen, ob Sprecher die Präposition *wegen* eher mit Dativ oder mit Genitiv verwenden, kann man beispielsweise eine Reihe von Versuchspersonen bitten, Sätze zu vervollständigen, die die Präposition *wegen* enthalten.

Beide Methoden, die Sprecherbefragung wie auch das Experiment, haben aber den Nachteil, dass die Versuchspersonen vielleicht nicht die Antworten geben werden, die ihrem spontanen Sprachgebrauch entsprechen. Das kann zum einen daran liegen, dass es den meisten Menschen schwer fällt, ihren eigenen Sprachgebrauch objektiv einzuschätzen. Zum anderen können Sprecher versuchen, Formen zu vermeiden, die sie für falsch oder schlecht halten wie z.B. *Praktikas*, und stattdessen solche angeben, die sie für gut oder richtig halten wie etwa *Praktika*.

Ein weiterer Nachteil von Sprecherbefragung und Experiment ist, dass es sehr aufwändig ist, eine größere Menge an sprachlichen Daten zu sammeln. Noch schwieriger wird es, wenn man ausschließen will, dass die Ergebnisse rein zufällig sind, wenn sie also im statistischen Sinn aussagekräftig, d.h. signifikant, sein sollen. Um eine Aussage darüber zu machen, ob das Partizip Perfekt von *downloaden* im Deutschen *downgeloadet* oder *gedownloadet* heißt, reicht es also nicht aus, zehn Bekannte zu befragen. Will man den Sprachgebrauch in größerem Rahmen untersuchen und zufällige Ergebnisse ausschließen, braucht man größere Datenmengen, als sie Befragungen und Experimente normalerweise liefern.

Aufgabe 2: Bitten Sie zehn Personen, den Satz *Ich habe gestern noch die Datei... mit dem Verb *downloaden* zu vervollständigen. Überprüfen Sie anschließend mithilfe einer beliebigen Suchmaschine, ob die genannten Formen auch im Internet belegt sind. Stimmen die Ergebnisse Ihrer Befragung mit den Ergebnissen Ihrer Internetrecherche überein?

Neben der Befragung und dem Experiment gibt es aber noch eine dritte Möglichkeit, linguistische Fragestellungen empirisch zu untersuchen: die Arbeit mit einem Textkorpus. Mithilfe eines solchen Korpus analysierte etwa Elter (2005) die Verwendung des grammatischen Kasus nach der Präposition *wegen*. Für ihre Untersuchung wertete Elter über einen Zeitraum von fünf Wochen hinweg Artikel aus der deutschsprachigen Presse aus. Sie nutzte dabei die Möglichkeit, im Internet über eine Spezialsuchmaschine auf rund 200 Zeitungen zuzugreifen, und extrahierte täglich alle Sätze, in denen die Kombination *wegen des* + Nomen bzw. *wegen dem* + Nomen vorkam. Zwei Beispiele sind in (1) aufgeführt.

(1)   a.   Ständig kämen neue Fragen **wegen des** Mondscheinfrisierens im Suhler Salon, wo sie arbeitet.
      b.   **Wegen dem** starken Wind und dem bitterkalten Wetter wurde die Anzahl der Rennen auf jeweils eines runtergeschraubt.

Durchschnittlich fand Elter 299 Fälle pro Tag, bei denen wie in (1a) nach *wegen* der Genitiv steht, und nur 2,5 Fälle, bei denen die Nominalphrase wie in (1b) mit einem Dativ angeschlossen wird. Somit konnte Elter mithilfe ihres Korpus nachweisen, dass in der Zeitungssprache der Genitiv-Anschluss nach der Präposition *wegen* fast uneingeschränkt gilt.

1.3   Was ist ein Korpus?

Um eine solide Datengrundlage für eine empirische Untersuchung des Sprachgebrauchs zu haben, bietet es sich an, mit einem Textkorpus zu arbeiten. Ein **Korpus** ist eine Sammlung von Texten oder Textteilen, die bewusst nach bestimmten sprachwissenschaftlichen Kriterien ausgewählt und geordnet werden. Unter Text sind in diesem Zusammenhang nicht nur Produkte der Schriftsprache wie Zeitungsartikel, Romane, Kochbücher, E-Mails, Briefe oder Tagebücher zu verstehen, sondern auch mündliche Äußerungen, sei es in Form von Vorträgen, Radiosendungen, Telefongesprächen oder dem zwanglosen Gespräch am Mittagstisch. Die Texte, die in einem Korpus enthalten sind, werden als **Primärdaten** bezeichnet.

Das Korpus hat den Zweck, als Ausschnitt der Sprache zu dienen, die untersucht werden soll. Dabei ist es wichtig, sich klarzumachen, ob man eine Sprache ganz allgemein untersuchen will, also das Deutsche in seiner Gesamtheit, oder nur eine bestimmte Varietät. Unter einer Varietät versteht man eine bestimmte Ausprägung der Sprache, die durch außersprachliche Faktoren wie Zeit, Raum, Sprechergruppe oder Kommunikationssituation definiert wird. Sprechergruppenabhängige Varietäten sind z.B. die Sprache von Jugendlichen oder die Fachsprache der Medizin, wohingegen das Schweizerdeutsche oder das Schwäbische regional definierte Varietäten sind.

Ein Korpus, das verwendet werden soll, um die deutsche Sprache zu untersuchen, sieht aber ganz anders aus als ein Korpus, das beispielsweise zur Analyse von Jugendsprache genutzt werden soll. Ein wichtiger Unterschied ist, dass ein Korpus der Jugendsprache nur Texte von Jugendlichen, etwa Gespräche unter Freunden, Schulaufsätze und SMS, enthält. Dahingegen wäre es unsinnig, wenn ein Korpus, das einen Ausschnitt des gesamten Deutschen darstellen soll, nur aus Texten von jungen Sprechern bestehen würde.

Aufgabe 3: Überlegen Sie sich, welche Art von Texten ein Korpus enthalten sollte, das dazu dient, die Fachsprache des Rechts zu untersuchen. Welche Textsorten sollten enthalten sein? Von wem sollten die Texte stammen?
Wie unterscheidet sich dieses Korpus von einem Korpus der Jugendsprache, wie von einem Korpus der gesamten deutschen Sprache?

Heutzutage liegen Korpora – so der Plural von Korpus – häufig in elektronischer Form vor. Diese Korpora sind computerlesbar und können mithilfe eines Computers analysiert und bearbeitet werden. Dies bedeutet einen großen Fortschritt gegenüber den Anfängen der Korpuslinguistik, wo Korpora zuerst in reiner Papierform, später in Form von Lochkarten gesammelt und verarbeitet wurden. Allerdings sind Korpora, die in reiner Papierform vorliegen, bis heute weit verbreitet. Dies hat mehrere Gründe. Zum einen lassen sich bestimmte Textarten, etwa handgeschriebene Briefe oder mittelalterliche Handschriften, nicht ohne Weiteres in ein computerlesbares Format bringen. Man kann diese zwar einscannen, aber nicht einfach in Textdateien umwandeln. Zum anderen ist zu hinterfragen, ob der Nutzen eines computerlesbaren Korpus und der Aufwand, der erforderlich ist, um das Korpus in eine Textdatei umzuwandeln, in einem vernünftigen Verhältnis zueinander stehen.

Die Qualität einer Untersuchung hängt jedoch nicht davon ab, ob das verwendete Korpus computerlesbar ist oder nicht. Auch die Möglichkeiten und Methoden sind bei Korpora in Papier- oder Dateiformat prinzipiell dieselben, wenngleich bei computerlesbaren Korpora der Suchaufwand deutlich geringer und die Auswertung häufig einfacher ist. Die Nachteile eines Papierkorpus werden jedoch häufig dadurch aufgewogen, dass die Umwandlung in eine Textdatei entfällt. Als Konsequenz ist es insbesondere bei kleineren Korpusanalysen, etwa im Rahmen einer studentischen Haus- oder Examensarbeit, oft sinnvoller, auf eine computerlesbare Version des Korpus zu verzichten und stattdessen die benötigten Informationen von Hand aus einem Korpus herauszusuchen (vgl. Kapitel 4.4, 4.9).

1.4   Wie ist ein Korpus aufgebaut?

Nicht jede Sammlung von Texten stellt ein Korpus dar, wenngleich in der Praxis häufig auch Textsammlungen als Korpora genutzt werden, die nicht den Definitionskriterien entsprechen (vgl. Kapitel 5.1). Idealerweise wird ein Korpus nach bestimmten sprachwissenschaftlichen Gesichtspunkten aufgebaut. Die Texte, aus denen sich ein Korpus zusammensetzt, werden also anhand von vorab festgelegten Kriterien ausgewählt. Wichtig für die Konzeption eines Korpus sind Größe und Inhalt des Korpus sowie dessen Beständigkeit und Repräsentativität.

Korpora sind prinzipiell zweckgebunden. Sie sind dazu bestimmt, die Verwendung einer Sprache in Teilen oder in ihrer gesamten Breite zu untersuchen. Sie dienen als Ausschnitt einer sprachlichen Gesamtheit, die untersucht werden soll. Das bedeutet, dass ein Korpus der Jugendsprache so zusammengestellt sein muss, dass es allgemeingültige Aussagen über die deutsche Jugendsprache ermöglicht, ein Korpus der Standardsprache sollte Auskunft über alle Bereiche der Standardsprache geben können. Ein Korpus sollte demnach repräsentativ für die zugrunde liegende sprachliche Gesamtheit sein.

Die **Repräsentativität** eines Korpus ist denn auch oberstes Ziel beim Aufbau eines Korpus. Um Repräsentativität zu erreichen, ist es notwendig, sich über die Grundgesamtheit klar zu werden, die untersucht werden soll. Ist dies beispielsweise die Jugendsprache, so muss etwa geklärt werden, wer ein Jugendlicher ist. Gehört ein Mädchen von neun Jahren oder ein Junge von elf Jahren bereits zur

Gruppe der Jugendlichen? Zählen junge Erwachsene mit achtzehn oder neunzehn noch als Jugendliche? Zu klären ist auch, ob jede Äußerung von Jugendlichen der Jugendsprache zuzurechnen ist. Handelt es sich z.B. beim Schulaufsatz eines Dreizehnjährigen um Jugendsprache? Spricht eine Sechzehnjährige mit ihren Großeltern Jugendsprache? Und handelt es sich vielleicht auch bei Texten Erwachsener, die wie Texte in Jugendzeitschriften an jugendliche Leser adressiert sind, um Jugendsprache?

Aufgabe 4: Versuchen Sie möglichst genau zu beschreiben, welche Äußerungen unter den Begriff Jugendsprache fallen. Versuchen Sie anschließend, objektive Kriterien festzulegen, die es ermöglichen, jugendsprachliche Texte von anderen Texten abzugrenzen.

Eine intuitive Vorstellung von Jugendsprache oder Standardsprache reicht also nicht aus, um ein repräsentatives Korpus zusammenzustellen. Vielmehr ist es notwendig, intuitives Wissen in objektive, verbindliche Kriterien umzusetzen, die bei der Auswahl der Texte, insbesondere bei Grenzfällen, helfen zu entscheiden, ob ein Text zur definierten Grundgesamtheit gehört oder nicht.

Zusätzlich ist es wichtig, sich darüber klar zu werden, dass nicht alle Textsorten in einer Sprache gleich häufig vorkommen. So sind Gebrauchsanweisungen, öffentliche Vorträge oder Gerichtsurteile sicherlich der Standardsprache zuzurechnen, die meisten Sprecher werden mit diesen Textsorten jedoch deutlich seltener konfrontiert als mit Zeitungstexten, Fernsehinterviews oder Geschäftsbriefen. Zudem ist es wichtig zu bedenken, dass ein großes Ungleichgewicht besteht zwischen der Art und Anzahl der Texte, die ein Sprecher aktiv produziert, und der Art und Anzahl der Texte, die er passiv aufnimmt.

Hier wird deutlich, dass es nicht nur wichtig ist, die Fragestellung einer Korpusanalyse genau abzugrenzen, sondern dass es ebenso wichtig ist festzulegen, welche Arten von Texten in welchen Anteilen in das Korpus aufgenommen werden. Im Einzelfall wird dies jedoch vom Untersuchungsgegenstand abhängen. Ein Patentrezept gibt es jedenfalls nicht. Ist der Aufbau eines Korpus abgeschlossen, so erfolgen im Normalfall keine nachträglichen Veränderungen. Inhalt, Umfang und Struktur bleiben unverändert bestehen. Ein Korpus erfüllt somit das Kriterium **Beständigkeit**. Dieses Kriterium trifft aber nicht auf die so genannten Monitorkorpora zu (vgl. Kapitel 2.5).

Was die **Korpusgröße** angeht, so hört man häufig, je größer ein Korpus ist, desto besser. Gemessen wird die Größe eines Korpus in

Textwörtern (vgl. Kapitel 3.1). In den Anfängen der Korpuslinguistik und bis weit in die 1980er Jahre hinein zählten die größten computerlesbaren Korpora etwa eine Million Textwörter, so z.b. das amerikanische Brown-Korpus und sein britisches Gegenstück das Lancaster-Oslo/Bergen-Korpus (LOB), genauso wie das deutschsprachige LIMAS-Korpus. Eine Million Textwörter galt lange Zeit als Standardgröße für Korpora. In dem Maß wie der technische Fortschritt aber die Speicherung immer größerer Datenmengen zu immer geringeren Kosten erlaubte, ist auch der Umfang von Textkorpora gewachsen. So umfasst beispielsweise das britische Nationalkorpus (BNC) 100 Millionen Textwörter und die so genannte Bank of English mehr als 550 Millionen Textwörter. Das Institut für Deutsche Sprache (IDS) in Mannheim archiviert heute eine Vielzahl deutschsprachiger Korpora im Umfang von über zwei Milliarden Textwörtern. Das größte Einzelkorpus ist dabei das Mannheimer-Morgen-Korpus mit über 150 Millionen Textwörtern (vgl. Kapitel 5.3).

Jedoch ist Größe nicht alles. Je nach Untersuchungsgegenstand kann bereits ein Korpus mit zehn- oder zwanzigtausend Textwörtern verlässliche Auskunft über die zu untersuchende Fragestellung geben. So vermittelt schon ein Korpus des Standarddeutschen mit zwanzigtausend Textwörtern ein recht zuverlässiges Bild davon, welche Wörter im Deutschen am häufigsten vorkommen, da es sich dabei hauptsächlich um Funktionswörter wie Artikel, Pronomen Konjunktionen und Hilfsverben handelt. Diese Wortarten finden sich in jedem Text in großer Zahl (vgl. Kapitel 3.7). Auch für die Ermittlung von Fachwortschätzen wie etwa dem Wortschatz der Fotografie oder Kinderheilkunde kann ein kleines Korpus ausreichend sein.

Neben der Größe des Korpus ist eine weitere Größe für den Korpusaufbau von Bedeutung: die Größe der enthaltenen Texte bzw. Textausschnitte. Die in einem Korpus enthaltenen Texte und Textteile werden als Proben bzw. **Textproben** bezeichnet, da sie aus einer sprachlichen Grundgesamtheit wie der Fachsprache der Fotografie ausgewählt werden, um als Stellvertreter für diese Varietät zu dienen. Grundsätzlich gibt es zwei Möglichkeiten: Entweder werden die ausgewählten Texte in ihrer gesamten Länge in das Korpus integriert oder es wird je Text nur eine vorher festgelegte Anzahl von Textwörtern in das Korpus aufgenommen. Soll wie im Fall des Bonner LIMAS-Korpus ein Korpus mit einer Gesamtgröße von einer Million Textwörtern aufgebaut werden, so müssen bei einer festen Probengröße von 2.000 Textwörtern Proben aus 500

Texten entnommen werden. Sollen hingegen Volltexte in das Korpus aufgenommen werden, so hängt die endgültige Zahl der Proben im Korpus von der Länge der einzelnen Texte ab. Handelt es sich bei den ausgewählten Proben um sehr lange Texte wie Romane, wird das Korpus deutlich weniger unterschiedliche Proben enthalten als wenn kurze Texte wie Telefongespräche, Kochrezepte oder Witze ausgewählt wurden.

Aufgabe 5: Stellen Sie sich vor, Sie sollen mit minimalem Aufwand ein Korpus zur Fachsprache der Medizin mit 10.000 Textwörtern aufbauen. In der Wahl der Texte sind Sie frei. Welche Art von Texten würden Sie in Ihr Korpus aufnehmen, in welchem Umfang und warum? Welche Texte würden Sie nicht aufnehmen? Warum?

Hiermit kommen wir zu einer weiteren wichtigen Frage, nämlich dem **Inhalt** des Korpus. Grundsätzlich wäre es möglich in ein Jugendsprachkorpus einfach jeden jugendsprachlichen Text aufzunehmen, bis die angestrebte Korpusgröße erreicht ist. In diesem Fall ist die Zusammensetzung des Korpus ein reines Zufallsprodukt, da die Texte ausschließlich nach Verfügbarkeit ausgewählt werden.

Ein nach dem Zufallsprinzip aufgebautes elektronisches Jugendsprachkorpus könnte z.B. zu 80% E-Mails, SMS, Chats und Artikel aus Schülerzeitungen enthalten, die bequemerweise bereits in elektronischer Form vorliegen. Die restlichen 20% des Korpus würden dann Texte ausmachen, die wie handschriftliche Aufsätze, Briefe und Notizen abgetippt oder eingescannt werden müssten. Gesprochene Sprache, die zuerst aufgenommen und anschließend transkribiert, d.h. verschriftet werden muss, würde in diesem Korpus vermutlich fehlen. Der große Nachteil an dieser Methode ist, dass eine Zufallsauswahl selten repräsentativ sein wird. So fehlen in dem eben beschriebenen Korpus weite Bereiche der Jugendsprache, nämlich die gesamte gesprochene Sprache, die ja einen großen Teil unserer täglichen Kommunikation ausmacht. Andere Bereiche wie etwa die Kommunikation via Internet wären überrepräsentiert. Da die Zufallsauswahl auch keine Rücksicht auf den Urheber des Textes nimmt, könnte es sein, dass Texte von älteren und jüngeren Jugendlichen, von Mädchen und Jungen nicht gleichmäßig gewichtet sind.

Schließlich empfiehlt es sich, vor Beginn der Textauswahl zu definieren, mit welcher Gewichtung bestimmte Textsorten und Sprechergruppen berücksichtigt werden sollen. Haben wir Jugendsprache definiert als die Summe aller Texte, die von Jugendlichen im Alter zwischen 11 und 19 produziert werden, so müssten wir im

Hinblick auf die Texte etwa Folgendes überlegen: Zu welchen Anteilen sollen gesprochene und geschriebene Sprache aufgenommen werden? Wie sollen die einzelnen Textsorten, z.B. Schulaufsätze, persönliche Briefe, E-Mails, Notizen, Tagebücher als geschriebene Texte, persönliche Gespräche, Telefongespräche unter Jugendlichen oder mit Erwachsenen als mündliche Kommunikation, vertreten sein? Im Hinblick auf persönliche Merkmale des Texturhebers stellen sich folgende Fragen: Welchen Anteil sollen Texte von jüngeren und älteren Sprechern einnehmen? Welchen Anteil Texte von Jungen bzw. Mädchen? Wenn regionale Herkunft und Bildungsniveau berücksichtigt werden, welchen Anteil sollen Texte von Sprechern aus den einzelnen Regionen bzw. aus den unterschiedlichen Schularten einnehmen?

Zudem sollte ein Korpus über eine umfassende Dokumentation des enthaltenen Materials, die so genannten **Metadaten**, verfügen, sodass jederzeit nachvollziehbar ist, aus welchem Text, von welchem Urheber, d.h. Verfasser oder Sprecher, bestimmte Daten stammen. Ein Korpus sollte Informationen über Name, Alter, Geschlecht des Verfassers sowie Angaben zum Zeitpunkt und der Situation der Äußerung bzw. Veröffentlichung eines Textes geben können. Das Vorhandensein von Urheberdaten ermöglicht es, soziolinguistische Studien durchzuführen, also etwa den Einfluss von Alter, Geschlecht oder Zugehörigkeit zu einer sozialen Gruppe auf den Sprachgebrauch zu untersuchen.

Aufgabe 6: Versuchen Sie, ein repräsentatives Korpus der Jugendsprache zu entwerfen. Wie würden Sie die einzelnen Textsorten bzw. Texte von verschiedenen Sprechergruppen gewichten?

Es ist aber nicht nur wichtig, die persönlichen Merkmale des Textverfassers und die Charakteristika des Textes zu berücksichtigen. Wichtig ist auch, sich darüber klar zu sein, dass Sprache kein zeitloses Phänomen ist, sondern Veränderungen ausgesetzt ist.

Dies ist unmittelbar einleuchtend, wenn man sich mit der Sprache aus früheren Jahrhunderten befasst, z.B. mit der Sprache des Mittelalters, der Reformationszeit oder der deutschen Klassik. Liest man Texte von Walther von der Vogelweide, die Luther-Bibel oder ein Drama von Goethe, so fallen zwangsläufig sprachliche Unterschiede zwischen diesen Texten und dem heutigen Deutsch auf. So bezeichnet bei Walther von der Vogelweide das Wort *frouwe* die adelige Dame und das Wort *wîp* die Frau allgemein. Im heutigen Deutsch hingegen werden die entsprechenden Worte, *Frau* bzw. *Weib*, verwendet, um wertneutral (*Frau*) oder abwertend (*Weib*) über weibliche Personen zu sprechen. Und während sich bei Goethe Konjunktivformen wie *begänne, empföhle* und *schüfe* finden, lauten die entsprechenden Formen im Gegenwartsdeutschen *sie würde beginnen, ich würde empfehlen* bzw. *er würde schaffen.* Niemand käme auf die Idee, ein Korpus mit Goethetexten zu benutzen, um die Verwendung von Konjunktivformen im Gegenwartsdeutschen zu untersuchen. Genauso vorsichtig muss man aber sein, wenn man Texte benutzt, die zehn oder zwanzig oder auch nur fünf Jahre alt sind. So unterscheidet sich die Sprache Jugendlicher heutzutage deutlich von der Sprache, die ihre Eltern oder ihre älteren Geschwister im selben Alter gesprochen haben. Wenn man also sprachliche Neuerungen, insbesondere im Wortschatz, untersuchen will, muss man darauf achten, dass das verwendetet Korpus aktuelle Daten enthält (vgl. Kapitel 2.8).

1.5 Wofür werden Korpora verwendet?

Der große Vorteil von Korpora ist, dass sie nicht nur authentisches Sprachmaterial beinhalten, sondern darüber hinaus auch Informationen zur Häufigkeit und zur Verwendung von Wörtern, grammatischen Kategorien und anderen sprachlichen Einheiten liefern. Die Arbeit mit Korpora ist also überall da sinnvoll, wo – aus welchen Gründen auch immer – die sprachliche Kompetenz des einzelnen Sprechers nicht ausreicht. Dies betrifft die germanistische Linguistin, die ihre Theorien empirisch überprüft, ebenso wie den Herausgeber von Wörterbüchern oder Grammatiken, den Historiker oder Soziologen, der nach kulturellen Schlagworten sucht, ebenso wie die Technikerin, die an akustischen Spracherkennungssystemen arbeitet, den Übersetzer von Fachtexten ebenso wie die Studentin, die eine Arbeit in einer fremden Sprache schreibt.

Korpora können folglich für eine Vielzahl unterschiedlicher Zwecke eingesetzt werden. Zu den wichtigsten linguistischen Anwendungsgebieten von Korpora gehören:

die Erforschung von sprachlichen Strukturen und Varietäten

die Erstellung von Wörterbüchern (Lexikografie)

die Erstellung von Grammatiken (Grammatikografie)

der Fremdsprachunterricht

die Übersetzung

die Computerlinguistik

Ein Beispiel dafür, wie man mithilfe eines Korpus sprachliche Strukturen untersuchen kann, stellt die bereits erwähnte Studie von

Elter (2005) zur Kasusverwendung bei *wegen* dar (vgl. Kapitel 1.2). Da ich im Folgenden wiederholt im Zusammenhang mit den unterschiedlichsten Themen auf sprachwissenschaftliche Korpusstudien zu sprechen komme, möchte ich mich an dieser Stelle darauf beschränken, einige Beispiele zu nennen. So befasst sich O'Halloran (2002) mit Entlehnungen im Deutschen (vgl. Kapitel 3.2), Steyer (2002) untersucht die Verwendung des Wortes *Hund* (vgl. Kapitel 3.6) und Hämmer (2001) erforscht die Verwendung des Zweitglieds *-park* in Komposita (vgl. Kapitel 3.4).

Schon seit Längerem werden Korpora bei der Herstellung von Wörterbüchern und Grammatiken eingesetzt. Inzwischen verbreiten sich korpusbasierte Wörterbücher und Grammatiken mehr und mehr. Insbesondere elektronische Wörterbücher wie das elexiko des IDS oder das Digitale Wörterbuch der deutschen Sprache des 20. Jahrhunderts (DWDS) gewinnen ihr Material auf der Grundlage von Textkorpora. Dies hat den Vorteil, dass dem Lexikografen, der die zu bearbeitenden Wörter auswählt und die einzelnen Lexikonartikel schreibt, authentische Sprachdaten zur Verfügung stehen. Das Korpus ermöglicht es, häufig verwendete Wörter wie *leben* oder *Haus* von selten gebrauchten Wörtern wie *Katafalk* oder *Kavenzmann* zu unterscheiden, und bietet damit ein objektivierbares Kriterium, welche Wörter in ein Wörterbuch aufgenommen werden sollten (vgl. Kapitel 3.5). Ein weiterer Vorteil ist, dass das Korpus Kontextinformationen zu den einzelnen Wörtern bietet. So lässt sich z.B. feststellen, in welchen unterschiedlichen Bedeutungen das Wort *Haus* auftreten kann, nämlich nicht nur in der Bedeutung 'Gebäude' in (2a), sondern auch in der Bedeutung 'Familie' in (2b) bzw. 'Schneckengehäuse' in (2c).

(2) a. Ich wohne im vierten Haus auf der linken Straßenseite.
b. Sie stammt aus gutem Hause.
c. Die Schnecke zog sich in ihr Haus zurück.

Daneben kann man in einem Korpus aber auch feststellen, in Verbindung mit welchen anderen Wörtern oder in welchen idiomatischen Wendungen ein Wort auftritt. Für das Wort *Haus* würde man etwa *das Weiße Haus*, *frei Haus liefern* oder *vor ausverkauftem Haus* finden (vgl. Kapitel 3.6).

Ganz ähnlich wie bei Wörterbüchern kann ein Korpus beim Erstellen einer Grammatik hilfreich sein. Bekanntestes Beispiel für eine korpusbasierte Grammatik ist vermutlich die dreibändige Grammatik des IDS (Zifonun *et al.* 1997). Ein entsprechend aufbereitetes Korpus und passende Programme ermöglichen es, bestimmte grammatische Strukturen im Korpus zu identifizieren und herauszusuchen. Anhand der Ergebnisse können bestehende Grammatikbeschreibungen überprüft und neue Erkenntnisse gewonnen werden. Wie wir bereits gesehen haben, konnte Elter (2005) nachweisen, dass die Präposition *wegen* in Zeitungen regelmäßig mit Genitiv und nur in Ausnahmefällen mit Dativ verwendet wird. Man kann in einem Korpus aber auch auf grammatische Strukturen stoßen, die in Grammatiken bisher nicht oder kaum beschrieben werden. Dies gilt etwa für das doppelte Perfekt *hab gelesen gehabt* in (3), wo die eigentliche Perfektform *habe gelesen* um ein zweites Partizip Perfekt (*gehabt*) erweitert wird. Ähnliches gilt auch für die so genannte Rheinische Verlaufsform in (4).

(3)　　Das Buch hab ich innerhalb von 1 1/2 Stunden gelesen gehabt.

(4)　　a. Ich bin am Schreiben.
　　　　b. Ich bin gerade am Kochen.

Aufgabe 7: Ist Ihnen das doppelte Perfekt oder die Rheinische Verlaufsform bekannt? Verwenden Sie diese grammatischen Formen?
Überprüfen Sie mithilfe einer Suchmaschine im Internet, ob diese Verbformen im Deutschen verwendet werden. Schlagen Sie anschließend in zwei Grammatiken nach, ob Sie eine Beschreibung dieser Verbformen finden.

Von jeher wurden Textkorpora verwendet, um die Sprache vergangener Epochen zu erforschen. Um etwas über die Sprache des Mittelalters und der frühen Neuzeit herauszufinden, sind Forscher auf die überlieferten Texte angewiesen, da es keine Sprecher gibt, die sie befragen könnten. Textkorpora helfen hier, Wörter und Strukturen in ihrem Zusammenhang zu erfassen und zu vergleichen (vgl. Kapitel 2.8).

Wichtig sind Korpora auch, um einzelne Varietäten des Deutschen zu erforschen. Varietäten bestimmter Berufsgruppen wie die Fachsprache der Medizin, die Fachsprache der Linguistik oder das Wirtschaftsdeutsche zeichnen sich dadurch aus, dass sie in der Grammatik zwar weitgehend mit dem Standarddeutschen überlappen, dass sie aber teilweise große Fachwortschätze haben, die sich dem Sprecher der Standardsprache entziehen. Bezeichnungen wie *Glaukom* für den grünen Star, *Genus* für das grammatische Geschlecht und *Tratte* für einen gezogenen Wechsel gehören der Fachsprache an. Fachtextkorpora können hier eingesetzt werden, um spezielle Fachwörterbücher zu erstellen. Auf einem Fachtextkorpus mit rund 65.000 Textwörtern basiert etwa der von Grote/Schütte (2000) zusammengestellte Computerwortschatz, der schwerpunktmäßig Entlehnungen und Neubildungen erfasst. Der Vergleich eines solchen Fachtextkorpus mit einem standardsprachlichen Korpus macht es möglich, die Unterschiede zwischen Fachsprache und Standardsprache zu erkennen. Das Wissen um die Unterschiede wiederum erleichtert das Erlernen der Fachsprache. Ähnliches gilt auch für andere gruppenspezifische oder regionale Sprachvarietäten wie die Jugendsprache, die Knastsprache, das Sächsische oder das Kölsche. Auch hier lassen sich durch den Abgleich von standardsprachlichem Korpus und speziellem Korpus die Charakteristika der Sprachvarietät erkennen (vgl. Kapitel 2.9).

Besonders wichtig sind Korpora im Bereich der Fremdsprachen, zum einen beim Erwerb einer Fremdsprache und beim Verfassen fremdsprachlicher Texte, zum anderen bei der Übersetzung fremdsprachlicher Texte ins Deutsche. Im Bereich des Fremdsprachunterrichts können Korpora zur Entwicklung von Lehrmaterial eingesetzt werden. Dies betrifft Lehrbücher, die von Verlagen herausgegeben werden, ebenso wie das Lehrmaterial, das von der einzelnen Lehrkraft entwickelt wird. Sinnvoll ist es beispielsweise, den Grundwortschatz und die Grundgrammatik, die Schüler erlernen, mithilfe eines Korpus zu definieren, da die Schüler möglichst jene fremdsprachlichen Wörter und grammatischen Strukturen kennen sollten, die ihnen beim Lesen und im Gespräch am ehesten begegnen werden. Korpora können zudem genutzt werden, um Lückentexte zu produzieren, in die die Schüler passende Wörter oder grammatische Formen einsetzen müssen.

Spezielle Lernerkorpora, die Texte von Fremdsprachenlernern enthalten, ermöglichen es dem Lehrer, typische Fehler und Schwierigkeiten der Schüler zu erkennen. Für den Fall deutscher Englischlerner untersuchte Mindt (2005) anhand von Sprachaufnahmen die Unterschiede bei der Aussprache der englischen Laute /e/ und /æ/. Die Auswertung des Korpus ergab, dass nur ein geringer Teil der deutschen Muttersprachler annähernd dieselbe Aussprache realisierte wie die englischen Muttersprachler. Das Wissen um problematische – aber auch um unproblematische – Laute, Wörter und Strukturen kann dem Lehrer helfen, bei der Unterrichtsplanung die einzelnen Lerneinheiten zu gewichten und Schwerpunkte zu setzen.

Darüber hinaus liefern Korpora Lehrern ebenso wie Lernern im Selbststudium wertvolle Informationen über die Verwendung von Wörtern und grammatischen Strukturen: In welchem Kontext bzw. in welcher Situation werden z.B. die Anredepronomen *du* bzw. *Sie* verwendet? Welche Verben werden mit dem Hilfsverb *sein*, welche mit *haben* gebildet? Wann steht nach der Präposition *in* der Dativ (*in dem Haus*), wann der Akkusativ (*in das Haus*)?

Eben diese Kontextinformationen machen Korpora auch für Übersetzer zu einer wertvollen Informationsquelle. Einsprachige Korpora können neben Kontext- auch Frequenzinformationen liefern und erlauben somit, seltene Wörter und stilistische Auffälligkeiten in der Fremdsprache zu identifizieren, für die deutsche Entsprechungen gefunden werden müssen. Mehrsprachige Korpora wie das Chemnitzer German/English-Translation-Korpus oder das OPUS-Korpus erlauben es zudem, in konkreten Fällen gezielt nach Übersetzungsmöglichkeiten zu suchen (vgl. Kapitel 2.10).

Korpora bieten aber nicht nur Informationen zu Wortschatz und Grammatik, sondern auch zur Gliederung und Strukturierung von Texten. Wie beispielsweise sind bestimmte Textsorten aufgebaut? Welche Teile enthalten sie? Wie wird in einem Text der Sinnzusammenhang hergestellt? Wie werden Argumente für eine These präsentiert, wie Gegenargumente ausgeräumt? Auf welche Art und Weise kooperieren Gesprächspartner in einem Gespräch? Wie wird ein Sprecherwechsel eingeleitet, wie umgesetzt? Die Analyse von Textkorpora kann hier wichtige Hinweise für all jene liefern, die selbst bestimmte Textsorten, insbesondere solche mit speziellen formalen Anforderungen wie wissenschaftliche Arbeiten oder Fachtexte, in ihrer Muttersprache oder einer Fremdsprache produzieren. Das können Fachtextautoren, angehende Journalisten und Rezensenten, Wissenschaftler oder Studenten sein, aber auch Verwaltungsangestellte wie die Angestellten der Stadtverwaltung in Bochum.

Dort sollte im Rahmen einer Verwaltungsreform die Kommunikation mit den Bürgern verbessert werden. Auf Anfrage der hin erstellten Blaha und ihre Kollegen ein Korpus mit 74 Verwaltungstexten, das dazu diente, die Charakteristika der Verwaltungssprache herauszuarbeiten und auf deren Verständlichkeit hin zu überprüfen (Blaha *et al.* 2001). Die Ergebnisse der Korpusstudie und einer Bürgerbefragung wurden anschließend dazu genutzt, gezielt Musterbriefe zu entwickeln, die sich stärker an den Bedürfnissen der Bürger orientieren.

Schließlich dienen Korpora in unterschiedlichen Disziplinen als Orientierungspunkt, auf den Bezug genommen wird, so etwa bei der Einschätzung der sprachlichen Entwicklung von Kindern, der Entwicklung von Spracherkennungs- und Übersetzungssoftware oder bei der Ermittlung sprachlicher Charakteristika einzelner Personen – sei es bei der Analyse des literarischen Stils von Schiller oder der Eingrenzung bestimmter Sprechergruppen, die als Verfasser von Erpresserbriefen oder -anrufen infrage kommen.

Heute sind Korpora aus der sprachwissenschaftlichen Forschung nicht mehr wegzudenken, da sie einen unmittelbaren Zugriff auf authentische Sprache erlauben. Korpora ermöglichen es dem Sprachwissenschaftler, vorhandene Theorien empirisch zu überprüfen und anhand von Korpusmaterial neue Hypothesen zu entwickeln.

1.6 Zusammenfassung

Ein Korpus ist eine systematische Sammlung von authentischen Texten oder Textteilen.
Ein Korpus bildet einen repräsentativen Ausschnitt aus einer Sprache oder Varietät ab.
Korpora ermöglichen empirische Aussagen über Sprache.
Die Verwendung von Korpora ist überall da sinnvoll, wo Informationen über den Sprachgebrauch benötigt werden.

Grundbegriffe: Beständigkeit, Inhalt, Korpus, Korpusgröße, Metadaten, Primärdaten, Repräsentativität, Textprobe

Weiterführende Literatur
Grundlagenwissen zur Korpuslinguistik vermitteln die Einführungen von Kennedy (1998) und Lemnitzer/Zinsmeister (2006). Eine ausführliche Diskussion des Korpusbegriffs findet sich bei Lemnitzer/Zinsmeister (2006, Kapitel 1) und Sinclair (1998). Kennedy (1998, Kapitel 2) und Lemnitzer/Zinsmeister (2006, Kapitel 3) behandeln den Aufbau von Korpora. Einen Überblick über die Anwendungsgebiete von Korpora bieten Biber *et al.* (1998), Hunston (2002), Lemnitzer/Zinsmeister (2006, Kapitel 6) sowie McEnery/Wilson (2003[2], Kapitel 4).

2. Arten von Korpora

2.1 Merkmale zur Klassifizierung von Korpora

Zwar handelt es sich bei jedem Korpus um eine gezielt zusammengestellte Sammlung an Texten, dennoch gilt: Korpus ist nicht gleich Korpus. Da ein Korpus immer im Hinblick auf einen bestimmten Verwendungszweck erstellt wird, hat jedes Korpus eigene Charakteristika. Ein Korpus der geschriebenen Sprache unterscheidet sich von einem Korpus der gesprochenen Sprache, ein Korpus der Gegenwartssprache von einem Korpus des Mittelhochdeutschen, ein Korpus der Jugendsprache von einem Korpus des Standarddeutschen.

Anhand von formalen Kriterien lassen sich Korpora, die computerlesbar sind, unterscheiden von solchen, die es nicht sind, Gesamtkorpora von Teilkorpora, Probenkorpora von Volltextkorpora sowie unveränderliche, statische Korpora von nicht abgeschlossenen Monitorkorpora. Nach dem Sprachmedium kann man differenzieren zwischen Korpora der gesprochenen Sprache und Korpora der geschriebenen Sprache. Die zeitliche Nähe oder Distanz zur Gegenwart ist relevant für die Einteilung in Korpora der Gegenwartssprache und historische Korpora. Nach dem Verwendungszweck werden Referenzkorpora von Spezialkorpora unterschieden, und für die Einteilung in einsprachige und mehrsprachige Korpora ist die Zahl der im Korpus enthaltenen Sprachen ausschlaggebend. Abbildung 1 gibt einen Überblick über die Arten von Korpora. Sie werden im Folgenden anhand von deutschsprachigen Korpora ausführlicher beschrieben. Ein Verzeichnis der in diesem Buch behandelten Korpora findet sich im Informationsteil am Ende des Buches.

Die genannten Kriterien zur Klassifizierung von Korpora sind jedoch nicht erschöpfend. So sind für die Arbeit mit einem fremden Korpus etwa auch die Größe und Zugänglichkeit des Korpus relevant. Neben kleineren (bis 1 Mio. Textwörter), mittleren (mehrere Mio. Textwörter) und großen Korpora (über 100 Mio. Textwörter) existieren inzwischen auch sehr große Korpora (über eine Milliarde Textwörter). Korpora können vor Ort oder online frei zugänglich sein, manche Korpora kann man nach vorheriger Registrierung nutzen, bei anderen Korpora ist eine externe Nutzung aus verschiedenen Gründen nicht möglich.

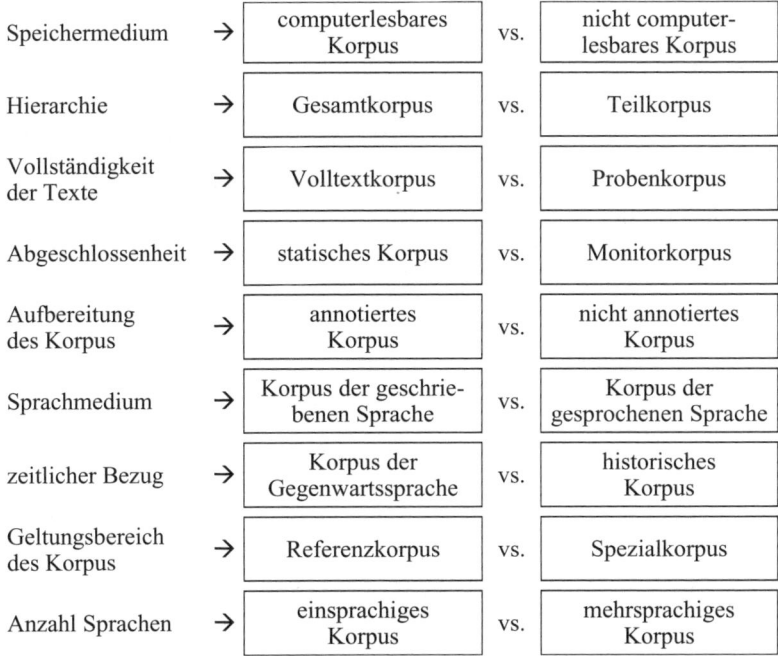

Speichermedium	→	computerlesbares Korpus	vs.	nicht computer-lesbares Korpus
Hierarchie	→	Gesamtkorpus	vs.	Teilkorpus
Vollständigkeit der Texte	→	Volltextkorpus	vs.	Probenkorpus
Abgeschlossenheit	→	statisches Korpus	vs.	Monitorkorpus
Aufbereitung des Korpus	→	annotiertes Korpus	vs.	nicht annotiertes Korpus
Sprachmedium	→	Korpus der geschrie-benen Sprache	vs.	Korpus der gesprochenen Sprache
zeitlicher Bezug	→	Korpus der Gegenwartssprache	vs.	historisches Korpus
Geltungsbereich des Korpus	→	Referenzkorpus	vs.	Spezialkorpus
Anzahl Sprachen	→	einsprachiges Korpus	vs.	mehrsprachiges Korpus

Abbildung 1: Arten von Korpora

2.2 Computerlesbare und nicht computerlesbare Korpora

In der Linguistik wird der Terminus "Korpus" traditionell als Oberbegriff für Sammlungen von Texten und Textteilen verwendet, die unter explizit sprachwissenschaftlichen Gesichtspunkten zusammengestellt wurden, um eine bestimmte sprachliche Gesamtheit abzubilden. In jüngerer Zeit wird zudem häufig die Computerlesbarkeit als Kriterium für die Korpusdefinition herangezogen. Nach diesem engeren Verständnis handelt es sich nur bei jenen Textsammlungen um Korpora, die auch computerlesbar sind. **Computerlesbare Korpora** werden auch elektronische Korpora oder Computerkorpora genannt.

Es ist wichtig, im Hinterkopf zu behalten, dass es zwei verschiedene Auffassungen darüber gibt, was als Korpus bezeichnet werden kann. Unter den traditionellen weiteren Korpusbegriff fallen eine Vielzahl von Textsammlungen, die nicht computerlesbar sind. Diese werden, um sie von computerlesbaren Korpora abzugrenzen

17

häufig als Belegsammlungen, Textarchive oder Ähnliches bezeichnet. Ich verstehe den Begriff Korpus jedoch im traditionellen Sinn als Oberbegriff für computerlesbare und nicht computerlesbare Korpora und werde ihn in diesem Buch entsprechend verwenden.

Prinzipiell kommen Korpora in unterschiedlichen Stadien der maschinellen Bearbeitbarkeit vor. Zum einen gibt es Korpora wie das Mainzer Zeitungskorpus, die in reiner Papierform vorliegen und aus denen die benötigten Informationen manuell herausgesucht werden. Diese Korpora werde ich im Folgenden als **Papierkorpora** bezeichnen. Papierkorpora bilden den Schwerpunkt meiner Ausführungen in Abschnitt 4, wo die Arbeit mit einem eigenen Korpus erläutert wird. Zum anderen gibt es Korpora, die als reine Textdateien gespeichert sind, und wo man mithilfe einfacher Suchbefehle nach einzelnen Zeichenfolgen wie *autovermietung*, *vermietung*, *vermiet* oder *ung* suchen kann. Dies ist der Fall bei den Texten im Projekt Gutenberg, bei den Texten im Trierer Mittelhochdeutschen Textarchiv oder ganz allgemein, wenn elektronische oder Internet-Editionen von Texten verwendet werden. Darüber hinaus gibt es Computerkorpora, die wie die Korpora des IDS oder das TIGER-Korpus annotiert sind. Annotierte Korpora enthalten über den reinen Text hinausgehende grammatische oder strukturelle Informationen, die über standardisierte oder speziell entwickelte Programme abfragt werden können (vgl. Kapitel 2.6, 4.5). Schließlich gibt es Korpora, die weder auf Papier noch als Textdatei vorliegen, sondern ausschließlich in Form von Sprach- oder Videoaufnahmen. Diese Korpora werden jedoch im Folgenden nicht weiter behandelt.

2.3   Korpus und Teilkorpora

Korpora enthalten im Normalfall eine Vielzahl von Texten oder Textteilen, da ein einzelner Text nicht als repräsentativer Ausschnitt für eine sprachliche Gesamtheit angesehen werden kann. Will man etwa die Sprache des Sturm und Drang untersuchen, so reicht es nicht aus, ein Gedicht von Goethe oder ein Drama von Schiller zu untersuchen. Vielmehr wird man eine Vielzahl von Gedichten und Dramen, daneben aber auch Romane, Briefe und andere Textsorten einbeziehen. Man wird sich auch kaum auf Goethe und Schiller beschränken, sondern zudem Texte anderer Autoren wie Lenz, Klinger und Herder berücksichtigen. Korpora bestehen demnach aus einer bestimmten Anzahl an kleineren sprachlichen Einheiten, die zusammen eine übergeordnete Gesamtheit bilden.

18

Es kann jedoch sinnvoll sein, innerhalb eines Gesamtkorpus einzelne Texte nach bestimmten Kriterien zu **Teilkorpora** zusammenzufassen. Teilkorpora können nach dem Medium (gesprochen versus geschrieben), nach bestimmten Sprechereigenschaften (Texte von Frauen bzw. Männern), nach den enthaltenen Textsorten (Zeitungstexte versus literarische Texte) oder nach historischen Epochen (Texte aus dem 19. bzw. 20. Jahrhundert) gebildet werden.

Die Teilkorpora können bereits vor der Erstellung des Korpus definiert werden wie im Fall des Mannheimer Wendekorpus, das sich aus den Teilkorpora "Wendekorpus Ost", "Wendekorpus West" und dem Teilkorpus zur Wiedervereinigung zusammensetzt. Teilkorpora können aber auch auf der Grundlage bereits bestehender Korpora nachträglich definiert werden. Das DWDS-Kernkorpus erlaubt es z.b., bestimmte Textsorten (Zeitung, Belletristik, Wissenschaft, Gebrauchsliteratur) und Zeiträume auszuwählen und so beliebige Teilkorpora zusammenzustellen (vgl. Kapitel 5.2). Noch komfortabler sind die Möglichkeiten, die das IDS bei der Definition von Teilkorpora bietet (vgl. Kapitel 5.3).

Aufgabe 8: Versuchen Sie, die in den Aufgaben 3, 5 und 6 konzipierten Korpora zur Fachsprache des Rechts bzw. der Medizin und der Jugendsprache sinnvoll in Teilkorpora zu gliedern (vgl. Kapitel 1.3, 1.4).

2.4 Volltextkorpus und Probenkorpus

Korpora unterscheiden sich darin, ob sie aus vollständigen Texten oder aus Textteilen aufgebaut sind. **Volltextkorpora** wie das Mannheimer-Morgen-Korpus oder das DWDS-Korpus enthalten Texte in ihrer gesamten Länge. **Probenkorpora** wie das Bonner Frühneuhochdeutsch-Korpus oder das LIMAS-Korpus hingegen bestehen aus Textausschnitten einer genormten Größe. Das Bonner Frühneuhochdeutsch-Korpus umfasst 40 Textproben von jeweils 30 Normalseiten Länge. Das LIMAS-Korpus hingegen enthält 500 Textproben mit einer Länge von jeweils 2.000 Textwörtern.

Die Verwendung von Textteilen ist zum größten Teil historisch bedingt. Als Vorbild für den Aufbau eines Korpus diente lange Zeit das amerikanische Brown-Korpus aus den frühen siebziger Jahren, das sich aus 500 Textproben mit einer Länge von 2.000 Textwörtern zusammensetzt. Auch was die Korpusgröße betrifft, war das Brown-Korpus mit einer Million Textwörtern lange Zeit wegweisend. Textproben zu verwenden hat aber eine Reihe von Nachteilen:

Einerseits müssen Texte, die die Normlänge überschreiten, gekürzt werden. Dies wirft die Frage auf, an welcher Stelle eines Textes die Probe entnommen werden soll, da Texte nach bestimmtem Prinzipien strukturiert sind, die sich auch in der verwendeten Sprache niederschlagen. Insbesondere wissenschaftliche Texte folgen zum Teil strengen Gliederungsprinzipien. So kann sich eine Probe, die der Einleitung eines Fachaufsatzes entnommen wird, sprachlich komplett anders gestalten als ein Textausschnitt aus der Mitte oder dem Schluss desselben Aufsatzes. Handelt es sich hingegen um kurze Texte, so müssen andererseits mehrere Texte zusammengefasst werden, um die vorgegebene Normlänge zu erreichen.

Vor diesem Hintergrund erscheint es sinnvoll, mit Volltexten zu arbeiten und, sofern eine bestimmte Textlänge wichtig ist, gegebenenfalls bereits im Vorfeld die Länge der einzelnen Texte als Auswahlkriterium zu berücksichtigen. Sollen die einzelnen Texte etwa gleich lang sein, so ist es sicherlich sinnvoll, aus der Zahl der möglichen Texte jene auszuwählen, die in ihrer Länge am wenigsten differieren.

2.5 Statische Korpora und Monitorkorpora

Korpora dienen als Abbild einer Sprache oder einer Varietät. Bei diesem Abbild handelt es sich üblicherweise um eine sprachliche Momentaufnahme, bei der bestimmte Texte anhand von vorab definierten Kriterien ausgewählt werden. So enthält das Bochumer Mittelhochdeutsch-Korpus ebenso wie das Mannheimer Wendekorpus eine bestimmte Auswahl an Texten. Beim Mannheimer Wendekorpus sind dies 3.387 Texte unterschiedlicher Textsorten aus den Jahren 1989 und 1990 wie Zeitungsartikel, Flugblätter, Protokolle, Reden usw., die sich mit der Wende und der deutschen Wiedervereinigung beschäftigen. Das Bochumer Mittelhochdeutsch-Korpus enthält hingegen je zwei Vers- und Prosatexte aus sechs verschiedenen Dialektgebieten und fünf verschiedenen Zeiträumen. Für die letzten beiden Zeiträume kommen ergänzende Urkundentexte hinzu. Im Bochumer Mittelhochdeutsch-Korpus ebenso wie im Mannheimer Wendekorpus stehen folglich nicht nur die Anzahl und die Merkmale der enthaltenen Texte fest, sondern auch die Texte als solche. Beide Korpora sind in ihrer Gesamtheit unveränderlich und erfüllen somit das Kriterium der Beständigkeit. Ein Korpus, dessen Zusammensetzung konstant bestehen bleibt, wird als **statisches Korpus** bezeichnet.

Anders ist dies beim Mannheimer-Morgen-Korpus des IDS. Dieses Korpus ist ein so genanntes **Monitorkorpus**, dessen Zusammensetzung sich mit der Zeit verändert. Beim Mannheimer-Morgen-Korpus geschieht dies dadurch, dass regelmäßig aktuelle Zeitungsartikel in das Korpus aufgenommen werden. Dies bedeutet, dass die Größe des Korpus kontinuierlich wächst. Umfasste das Mannheimer-Morgen-Korpus Ende 1999 noch knapp 64 Millionen Textwörter, so waren es zwei Jahre später bereits knapp 108 Millionen und Ende 2003 rund 141,7 Millionen Textwörter. Ähnliches gilt auch für die Bank of English, die gegenwärtig über 550 Millionen Textwörter umfasst.

Monitorkorpora nehmen aber nicht zwangsläufig an Umfang zu. Auch bei einem Korpus, bei dem die ursprüngliche Struktur und Größe erhalten bleibt, wo jedoch regelmäßig ältere Texte gegen neuere Texte mit denselben Strukturmerkmalen wie Textsorte, Medium oder Länge ausgetauscht werden, handelt es sich um ein Monitorkorpus.

2.6 Annotierte und nicht annotierte Korpora

Neben Korpora, die nur Primärdaten, also reinen Text beinhalten, gibt es auch Korpora, die zusätzlich zum Text grammatische und/oder strukturelle Informationen etwa zu Wortart oder Flexion enthalten. Diese über den Text hinausgehende Information in einem Korpus nennt sich **Annotation**. Sie wird mithilfe von speziellen Markierungen im Text kodiert (vgl. Kapitel 4.5). Der Vorteil einer Annotation ist, dass sie implizite Information explizit macht und somit eine einfachere und schnellere Erhebung der benötigten Informationen ermöglicht. Ein wichtiger Grundsatz ist jedoch, dass die Annotation den Originaltext nicht zerstören darf. Es muss also jederzeit möglich sein, die Markierungen zu entfernen und die Rohfassung wiederherzustellen. Korpora, die über den Text hinausgehende Informationen enthalten, nennt man **annotierte Korpora**.

Bei den über den Text hinausgehenden Informationen handelt es sich zum einen um Metadaten, d.h. Angaben zu den einzelnen Texten (vgl. Kapitel 1.4), zum anderen werden linguistische Informationen über die im Text enthaltenen Einheiten kodiert.

Die linguistische Annotation kann auf den unterschiedlichsten Ebenen der Sprache erfolgen. So können Informationen auf Wort-, Satz-, Text-, Laut- oder Bedeutungsebene eingefügt werden. Auf der Lautebene können Merkmale der Aussprache (phonetische Annotation) sowie der Betonung und Intonation (prosodische Annotation) kodiert werden. Phonetisch oder prosodisch annotierte Korpora sind jedoch selten. Eine Ausnahme stellen die Korpora des Bayerischen Archivs für Sprachsignale (BAS) dar. Auf Wortebene werden Informationen über Flexionsmerkmale oder Wortarten eingefügt (morphologische Annotation), auf Satzebene Informationen über Phrasentypen oder syntaktische Funktionen (syntaktische Annotation). Auf der Bedeutungsebene werden Bedeutungsmerkmale von Wörtern oder inhaltliche Beziehungen zwischen Elementen im Text kodiert (semantische Annotation). Die diskurs- und textlinguistische Annotation hingegen erfasst Phänomene wie die sprachliche Markierung von Höflichkeit oder die sprachliche Wiederaufnahme bzw. Vorwegnahme bestimmter Sachverhalte im Text. Zudem ist auch die Annotation spezifischer Fragestellungen möglich wie die Annotation bestimmter Fehlertypen in einem Korpus mit Texten von Fremdsprachlernern (problemorientierte Annotation).

Am weitesten verbreitet ist jedoch die grammatische Annotation auf Wort- und auf Satzebene (vgl. Kapitel 4.5). Korpora, die auf Satzebene annotiert sind, nennt man **Baumbanken**, da die Informationen auf Satzebene häufig in Form von Strukturbäumen dargestellt werden. Im Unterschied zu reinen Textkorpora und auf Wortebene annotierten Korpora stellt in Baumbanken nicht das Wort die zentrale Analyseeinheit dar, sondern der Satz bzw. kleinere syntaktische Einheiten wie die Phrase.

Die bekannteste deutschsprachige Baumbank ist das TIGER-Korpus, ein Gemeinschaftsprojekt der Universitäten Potsdam, Saarbrücken und Stuttgart. Es umfasst gegenwärtig rund 50.000 Sätze mit knapp 900.000 Textwörtern (vgl. Kapitel 5.4). Weitere wichtige deutschsprachige Baumbanken sind das Saarbrücker NEGRA-Korpus und die drei Tübinger Baumbanken. Das NEGRA-Korpus ist ein Vorläufer des TIGER-Korpus und die erste deutschsprachige Baumbank überhaupt. Wie das TIGER-Korpus basiert es auf Zeitungstexten aus der *Frankfurter Rundschau*. Das NEGRA-Korpus umfasst in seiner aktuellen zweiten Version 20.602 Sätze mit rund 355.000 Textwörtern. Auch der Tübinger Baumbank des Deutschen/Schriftsprache (TüBa-D/Z) und dem Tübinger Partiell Geparsten Korpus des Deutschen/Schriftsprache (TüPP-D/Z) liegen Zeitungstexte zugrunde. Im Gegensatz dazu basiert die Tübinger Baumbank des Deutschen/Spontansprache (TüBa-D/S) auf gesprochener Sprache. Sie enthält rund 38.000 transkribierte Sätze bzw. 360.000 Textwörter, die einer Sammlung von Dialogen zur Terminvereinbarung entstammen.

2.7 Korpora der geschriebenen und gesprochenen Sprache

Ein wichtiges Merkmal von Korpora ist, welchem sprachlichen Medium die Texte in einem Korpus entstammen, ob es sich also um Texte der gesprochenen oder der geschriebenen Sprache handelt. Insgesamt überwiegt bei Weitem die Zahl der schriftsprachlichen Korpora, es gibt jedoch auch Korpora, die ausschließlich gesprochene Sprache oder beides, sowohl Laut- als auch Schriftsprache, enthalten. Für die Dominanz von **Korpora der geschriebenen Sprache** gibt es zwei Gründe, die eng miteinander zusammenhängen: den Aufwand bei der Korpuserstellung und die Verfügbarkeit des Materials.

Prinzipiell ist der Aufwand bei der Erstellung eines schriftsprachlichen Korpus im Vergleich deutlich geringer. Dies liegt daran, dass geschriebene Texte bereits auf Papier, teilweise auch elektronisch in Form einer Textdatei, vorliegen. Sie sind somit leichter zu handhaben und in ein Korpus zu integrieren als Gespräche, Telefonanrufe oder Reden. Um diese und andere Texte der gesprochenen Sprache in ein Korpus aufzunehmen, müssen die einzelnen Monologe oder Dialoge zuerst aufgenommen und anschließend transkribiert, d.h. in schriftliche Form gebracht, werden. Die Verschriftung des Materials erfordert einen hohen Zeitaufwand, der mit der Genauigkeit der Transkription zusätzlich steigt. Allerdings machen es erst die Transkripte möglich, gesprochene Sprache in größerem Umfang systematisch zu erforschen. Bei Texten der geschriebenen Sprache entfällt hingegen der Aufwand für die Transkription.

Was die Verfügbarkeit der Sprachdaten betrifft, so können nur Texte in ein Korpus integriert werden, die in irgendeiner Form konserviert oder konservierbar sind. Dies bedeutet, dass es deutlich leichter ist, ein Korpus der Gegenwartssprache aufzubauen als ein Korpus mit Material aus früheren Sprachstufen. Dies betrifft insbesondere die Lautsprache. Gesprochenes Gegenwartsdeutsch lässt sich jederzeit aufnehmen, für älteres Material ist die Forschung auf Ton- und Filmaufzeichnungen angewiesen, deren Menge und Qualität abnimmt, je weiter man in der Geschichte zurückgeht. Für die Epochen, die vor der Erfindung von Phonograph, Grammophon und Tonband im späten 19. bzw. frühen 20. Jahrhundert liegen, existiert authentisches Material gesprochener Sprache überhaupt nicht. Will man hier lautsprachliche Daten untersuchen, muss man auf schriftliche Textsorten zurückgreifen, die nahe an der gesprochene Sprache sind wie Dramentexte, Predigten oder Gerichtsprotokolle.

Allerdings nimmt aufgrund der Überlieferungslage auch die Verfügbarkeit geschriebener Texte mit zunehmendem historischen Abstand ab, gleichzeitig steigt der Bearbeitungsaufwand. Lassen sich Texte, die in der heute gebräuchlichen Schrifttype Antiqua gedruckt sind, noch ohne größere Probleme einscannen und per Texterkennungsprogramm in eine Textdatei umwandeln, so stellen Texte in Fraktur die übliche Scannersoftware häufig vor Probleme. Sollen mittelalterliche Handschriften oder auch handgeschriebene Texte jüngeren Datums wie Privatbriefe oder Notizzettel in ein elektronisches Korpus aufgenommen werden, kommt man um ein Abtippen der Texte nicht mehr herum. Aber selbst wenn man eine Untersuchung zur Gegenwartssprache plant, kann es für bestimmte Varietäten wie Dialekte oder Kindersprache schwer sein, an computerlesbares Material zu kommen.

Ob ein Korpus Texte der geschriebenen und/oder der gesprochenen Sprache enthält, sollte in erster Linie davon abhängen, welche Varietät oder Varietäten einer Sprache das Korpus abbilden soll. In der Realität spielen häufig die Verfügbarkeit der Daten und der Aufwand bei deren Beschaffung eine limitierende Rolle. Ein Korpus wie das britische Nationalkorpus (BNC), das eine Sprache, in ihrer ganzen Breite repräsentieren soll, sollte demnach sowohl gesprochene als auch geschriebene Sprache enthalten. Tatsächlich beinhaltet das BNC 90% geschriebene und 10% gesprochene Sprache. Bei einem Gesamtumfang von 100 Millionen Textwörtern entspricht der Anteil der gesprochenen Sprache somit einer Anzahl von rund 10 Millionen Textwörtern (vgl. Kapitel 2.9).

Zwar basiert die Mehrheit der deutschsprachigen Korpora auf der Schriftsprache, es gibt aber auch eine ganze Reihe an **Korpora der gesprochenen Sprache**. Für das Deutsche bieten sich das Archiv für Gesprochenes Deutsch (AGD) des IDS und das Bayerische Archiv für Sprachsignale (BAS) als Anlaufstelle an. Das BAS verfügt über rund 20 Korpora, die für den nicht-kommerziellen Zweck öffentlich zugänglich sind. Das AGD verwaltet rund 40 Korpora, die in Form von Transkripten, Ton- und Videoaufnahmen vorliegen. Über die Hälfte dieser Korpora wie das Pfeffer-Korpus zur deutschen Umgangssprache oder das Saarbrücker Korpus der Kindersprache sind öffentlich zugänglich (vgl. Kapitel 5.3).

Wer sich speziell für Kindersprache interessiert, wird auch beim Child Language Data Exchange System (CHILDES) fündig. Hier sind neben Korpora in verschiedenen anderen Sprachen auch mehrere Korpora mit Transkripten deutscher Kindersprache zugänglich.

Schließlich sind noch das Kiel-Korpus des Instituts für Phonetik und digitale Sprachverarbeitung (IPdS) in Kiel und die Tübinger Baumbank des Deutschen/Spontansprache (TüBa-D/S) zu nennen. Das Kiel-Korpus ist für all jene interessant, die sich nicht nur für grammatische Merkmale der gesprochenen Sprache, sondern für die tatsächliche Aussprache der einzelnen Wörter, Sätze und Laute interessieren, da es Informationen zu den einzelnen lautlichen Segmenten enthält. Die Tübinger Baumbank der Spontansprache hingegen ist eines der wenigen Korpora der gesprochenen Sprache, das auf Satzebene annotiert ist (vgl. Kapitel 2.6). Weitere Korpora des gesprochen Deutschen sind über das Linguistic Data Consortium (LDC) erhältlich. Jedoch ist nur ein Teil dieser Korpora transkribiert. Zudem fällt für die Nutzung der Korpora eine Lizenzgebühr an, die mehrere Hundert Euro betragen kann.

Es gibt aber nicht nur Korpora der gesprochenen und der geschriebenen Sprache. Auch für die Gebärdensprache existieren Korpora, wie sie beispielsweise vom Institut für Deutsche Gebärdensprache und Kommunikation Gehörloser in Hamburg zur Erstellung von Fachgebärdenlexika genutzt werden.

2.8 Korpora der Gegenwartssprache und historische Korpora

Ob man ein Korpus als Korpus der Gegenwartssprache bezeichnet oder nicht, hängt davon ab, wie man den Begriff Gegenwartssprache fasst. Sicherlich würde man ein Korpus mit Texten aus den Jahren 2000 bis heute als **Korpus der Gegenwartssprache** bezeichnen. Dasselbe gilt wohl auch für Texte aus den neunziger Jahren des 20. Jahrhunderts. Was aber ist mit Texten aus den Fünfzigern oder Siebzigern? Was ist mit Texten aus dem späten 19. oder dem frühen 20. Jahrhundert? Kann man diese noch als Gegenwartssprache bezeichnen oder nicht?

Ein Korpus ist in der Regel statisch, d.h. es erfasst prinzipiell nur einen bestimmten Zeitabschnitt der Sprache (vgl. Kapitel 2.5). So war das Bonner LIMAS-Korpus, das hauptsächlich Texte aus den frühen siebziger Jahren enthält, anfangs ein Korpus der Gegenwartssprache. Heute, gut dreißig Jahre nach seiner Fertigstellung, ist fraglich, ob das LIMAS-Korpus als repräsentativ für das Deutsche zu Beginn des 21. Jahrhunderts gelten kann. Die Antwort hängt davon ab, welche Fragestellung untersucht werden soll. Zu bedenken ist, dass manche sprachlichen Veränderungen wie etwa Neuerungen im Wortschatz innerhalb relativ kurzer Zeit stattfinden, wohingegen sich andere Veränderungen, etwa in der Satzstruktur, deutlich langsamer vollziehen. Aktuelle, neue Wörter wie *bloggen* oder *Wellness*, auch Neologismen genannt, wird man im LIMAS-Korpus vergeblich suchen, sodass das Korpus für eine Untersuchung zu Neologismen in der Gegenwartssprache veraltet wäre. Die Stellung des Verbs im Satz hingegen ist seit Jahrhunderten unverändert geblieben, sodass das LIMAS-Korpus hinsichtlich der Verbstellung durchaus den gegenwärtigen Zustand der Sprache repräsentieren kann. Was Untersuchungen zur Verbstellung betrifft, spiegeln sogar noch Texte aus dem 19. und frühen 20. Jahrhundert den Zustand des Gegenwartsdeutschen wider.

Unabhängig davon, wo man die Grenze zwischen Gegenwart und Vergangenheit zieht, ist klar, dass Korpora altern. Je größer der zeitliche Abstand zwischen der Entstehung eines Textes und der Gegenwart wird, umso eher ist ein Text und das Korpus, in dem er enthalten ist, als historisch einzustufen. Auch wenn es seltsam erscheint, eine Zeit, die nur kurz vor oder sogar nach der eigenen Geburt liegt, aus historischer Perspektive zu betrachten, so sind Korpora, die zwanzig oder dreißig Jahre alt sind, je nach Fragestellung als **historische Korpora** oder als Korpora der Gegenwartssprache anzusehen.

Ein weiteres Problem bei der Unterscheidung zwischen gegenwartsprachlichen und historischen Korpora ist, dass es durchaus Texte aus früheren Jahrhunderten gibt, die wie literarische Texte von Goethe und Schiller, philosophische Texte von Kant oder die Bibel in ihrer Übersetzung von Luther bis heute gelesen werden. Obwohl es sich von der Entstehung her um historische Texte handelt, sind diese Texte aufgrund ihrer Rezeption in der Gegenwart in gewisser Weise Bestandteil der Gegenwartssprache.

Fraglos wird man jedoch jene Korpora als historisch bezeichnen, deren Texte bereits ein oder mehrere Jahrhunderte alt sind. Da es oftmals sehr schwierig ist, ein historisches Korpus zu erstellen, ist die Zahl der Korpora, die Material aus früheren Jahrhunderten enthalten, im Vergleich zu Korpora mit Texten aus den letzten fünfzig Jahren deutlich geringer. Dennoch gibt es eine ganze Reihe kleinerer und größerer historischer Korpora. Das IDS in Mannheim ist gegenwärtig mit dem Aufbau eines historischen Korpus beschäftigt, das den Zeitraum von 1700 bis 1945 abdecken soll (vgl. Kapitel 5.3). Texte aus allen Dekaden des 20. Jahrhunderts umfasst das DWDS-Korpus (vgl. Kapitel 5.2).

Neben Korpora zum Neuhochdeutschen gibt es jedoch auch Korpora, die die Sprache des Mittelalters, das Althochdeutsche (ca.

750-1050) bzw. Mittelhochdeutsche (ca. 1050-1350), und die Sprache der frühen Neuzeit, das Frühneuhochdeutsche (ca. 1350-1600), erfassen. Alt- und mittelhochdeutsche Texte findet man in der Bibliotheca Augustana, beim Internetportal Mediaevum und in der Datenbank Thesaurus Indogermanischer Text- und Sprachmaterialien (TITUS). Auf mittelhochdeutschen Texten basieren auch das Digitale Mittelhochdeutsche Textarchiv in Trier und das Bochumer Mittelhochdeutsch-Korpus. Korpora des Frühneuhochdeutschen sind das Bonner Frühneuhochdeutsch-Korpus oder das Erlanger Dürer-Korpus. Ein historisches Referenzkorpus für das Deutsche, das Texte aus dem 9. bis 19. Jahrhundert umfassen soll, ist im Rahmen des Projekts Deutsch Diachron Digital (DDD) in Planung.

Was die zeitliche Dimension bei Korpusstudien betrifft, muss man zusätzlich entscheiden, ob das Korpus verwendet wird, um einen Zeitpunkt oder eine Zeitspanne zu untersuchen. Im ersten Fall handelt es sich um eine synchrone Untersuchung, im zweiten Fall um eine diachrone. Beide Arten von Untersuchung können denselben Zeitraum, z.B. das 20. Jahrhundert, umfassen. Der Unterschied besteht darin, dass bei einem synchronen Vorgehen die Gemeinsamkeiten der Texte im Korpus erforscht werden, wohingegen bei diachroner Betrachtung der Sprachwandel, d.h. die Veränderungen, die sich in den Texten des Korpus zeigen, im Mittelpunkt des Interesses stehen.

2.9 Referenzkorpora und Spezialkorpora

Unterschiedliche Korpora erlauben, eine unterschiedliche Zahl und Art von Fragestellungen zu beantworten. Grundsätzlich sollte man trennen zwischen Referenzkorpora und Spezialkorpora. Ein **Referenzkorpus** ist ein Korpus, das dazu bestimmt ist, eine Sprache in ihrer Gesamtheit zu repräsentieren und eine Vielzahl von sprachlichen Informationen zu liefern. Ein Referenzkorpus sollte so groß sein, dass es als Grundlage für die Untersuchung aller wichtigen Varietäten der Sprache dienen kann, seien es nun regionale oder gruppenspezifische Varietäten. Das deutsche Referenzkorpus (DEREKO) am IDS in Mannheim umfasst gegenwärtig rund zwei Milliarden Textwörter. Im Gegensatz zum britischen Nationalkorpus (BNC) enthält es allerdings ausschließlich Texte der geschriebenen Sprache. Eine Untersuchung zur gesprochenen Sprache ist somit im Rahmen des deutschen Referenzkorpus nicht möglich. Streng genommen handelt es sich bei DEREKO also nicht um ein

Referenzkorpus der deutschen Sprache, sondern um ein Referenz-korpus der deutschen Schriftsprache.

Das britische Nationalkorpus (BNC) hingegen, das das britische Englisch repräsentieren soll, beinhaltet zu 90% Texte der geschriebenen Sprache und zu 10% transkribierte gesprochene Sprache. Die Texte der Schriftsprache umfassen unter anderem Auszüge aus regionalen und überregionalen Zeitungen, Fachzeitschriften und Zeitschriften für alle Alters- und Interessensgruppen, wissenschaftliche und nichtwissenschaftliche Bücher, veröffentlichte wie unveröffentlichte Briefe und Notizen, Aufsätze von Schülern und Studenten. Bei den Texten der gesprochenen Sprache handelt es sich überwiegend um informelle spontane Gespräche, die von Freiwilligen aufgenommen wurden, daneben aber auch um gesprochene Sprache aus anderen Kontexten wie Regierungsgespräche oder Radiosendungen. Wenn man sich allerdings klar macht, welchen Anteil an der tagtäglichen Kommunikation die gesprochene Sprache einnimmt, erscheint die gesprochene Sprache auch mit einem Anteil von 10% noch deutlich unterrepräsentiert zu sein. Für eine Untersuchung zur gesprochenen Sprache reichen die im BNC enthaltenen 10 Millionen Textwörter dennoch gut aus.

Spezialkorpora erheben hingegen nicht den Anspruch, repräsentativ für eine Sprache in ihrer Gesamtheit zu sein. Sie dienen vielmehr dazu, eine bestimmte Varietät der Sprache wie die Jugendsprache, die deutsche Rechtssprache, die Zeitungssprache, das Hessische oder die Sprache von Deutsch-als-Fremdsprache-Lernern zu erforschen. Diesen Teilbereich der Sprache sollten sie jedoch hinreichend repräsentieren.

Viele bekannte Korpora sind Spezialkorpora, die auf bestimmten Textsorten basieren. Insbesondere Korpora der Zeitungssprache sind weit verbreitet. Eine große Zahl der IDS-Korpora wie das Mannheimer-Morgen-Korpus oder das Bonner Zeitungskorpus bestehen aus Zeitungstexten. Auch verschiedene Baumbanken wie das TIGER-Korpus und das NEGRA-Korpus sind Korpora der Zeitungssprache. Daneben gibt es Korpora, die auf andere Textsorten spezialisiert sind, etwa auf Lyrik, Romane, Gebrauchsanweisungen oder Bibelübersetzungen.

Als Spezialkorpora einzuordnen sind aber auch die bereits erwähnten Lerner- und Spracherwerbskorpora. Lernerkorpora wie das Fehler-annotierte Lernerkorpus des Deutschen als Fremdsprache (FALKO), das derzeit in Berlin aufgebaut wird, enthalten Texte, die von Schülern und Studenten in einer Fremdsprache verfasst wurden (vgl. Kapitel 1.5). Spracherwerbskorpora wie die CHILDES-Korpora und das Saarbrücker Korpus der Kindersprache umfassen Transkripte und Aufzeichnungen von – in der Regel gesprochener – Kindersprache (vgl. Kapitel 2.7).

Eine große Zahl an Spezialkorpora sind Fachtextkorpora wie das Darmstädter Korpus deutscher Fachsprachen, das rund 2,8 Millionen Textwörter aus den Gebieten Bauingenieurwesen, Elektrotechnik, Maschinenbau und Wirtschaft enthält. Weitere Fachtextkorpora sind die bereits erwähnten Korpora zum Computerdiskurs und zur Sprache der Bochumer Stadtverwaltung (vgl. Kapitel 1.5). Ein mehrsprachiges Fachtextkorpus ist das OPUS-Korpus, das Teilkorpora zur Verwaltungssprache und zu verschiedenen technischen Disziplinen umfasst (vgl. Kapitel 2.10). Als Beispiele für historische Fachtextkorpora sei an dieser Stelle lediglich auf zwei frühneuhochdeutsche Korpora, nämlich das Olmützer medizinische Korpus sowie das Erlanger Dürer-Korpus mit mathematisch-technischen Texten, verwiesen.

2.10 Einsprachige und mehrsprachige Korpora

Die meisten Korpora enthalten nur Daten aus einer Sprache. Dies gilt auch für Referenzkorpora wie DEREKO oder BNC, die zwar Material zu einer Vielzahl von Varietäten beinhalten, die jedoch alle derselben Sprache, in diesem Fall dem Deutschen bzw. Englischen, zuzuordnen sind (vgl. Kapitel 2.9). Daneben gibt es aber auch Korpora wie das International Sample of English Contrastive Texts (INTERSECT) oder das Chemnitzer German/English-Translation-Korpus, die sowohl deutsche als auch englische Texte enthalten. Das Verbmobil-Korpus umfasst neben deutschen und englischen Texten auch japanische Texte. Eine besonders große sprachliche Vielfalt bietet das OPUS-Korpus. Die Anzahl der enthaltenen Sprachen schwankt in den fünf Teilkorpora zwischen sechs (Open-Office-Korpus) und 61 (KDE-Korpus). Eine Vielzahl mehrsprachiger, allerdings kostenpflichtiger Korpora bietet die Evaluations and Language Resources Distribution Agency (ELDA).

Bei **mehrsprachigen Korpora** ist zu unterscheiden zwischen so genannten Parallelkorpora und vergleichbaren Korpora. **Parallelkorpora** wie das Chemnitzer German/English-Translation-Korpus zeichnen sich dadurch aus, dass sie Originaltexte in einer Sprache und deren Übersetzung in eine oder mehrere andere Sprachen beinhalten. Das Chemnitzer Korpus umfasst insgesamt rund zwei Millionen Textwörter, je eine Million Textwörter für das Deutsche und das Englische, die aus den Bereichen Politik, Wissenschaft und Tourismus stammen. Zugänglich ist das Korpus über die Internetseite der Chemnitzer Internet-Grammatik.

Wie das Chemnitzer German/English-Translation-Korpus ist auch das OPUS-Korpus ein Parallelkorpus, das im Internet frei zugänglich ist. Es enthält Gebrauchsanweisungen und Dokumente der Europäischen Union mit den jeweiligen Übersetzungen. Dabei kann ausgewählt werden, in wie viele Sprachen eine Textpassage übersetzt werden soll. In Abbildung 2 werden die deutsche, englische, französische und finnische Version eines Satzes angezeigt.

11014334	Als Katalane würde ich mir für die Zukunft wünschen, dass auch meine **Sprache**, die von zehn Millionen europäischen Bürgern gesprochen wird, hier im Hause offiziell anerkannt wird.
en	As a native Catalan, it is my hope that, in the future, my language, which is spoken by 10 million European citizens, may also be recognised in this Chamber.
fi	Syntyperäisenä katalonialaisena toivon, että tulevaisuudessa äidinkieleni, jota puhuu 10 miljoonaa Euroopan kansalaista, tunnustetaan myös tässä parlamentissa.
fr	En tant que Catalan, je souhaiterais que, demain, ma langue, qui est celle de dix millions de citoyens européens, ait également droit de cité dans cette maison.

Abbildung 2: OPUS-Korpus: Konkordanz für *Sprache* (Ausschnitt)

Charakteristisch für **vergleichbare Korpora** ist, dass alle Teilkorpora denselben Aufbauprinzipien folgen. Die Teilkorpora verfügen also über eine identische Struktur. Im Gegensatz zu Parallelkorpora, die prinzipiell mehrsprachig sind, können vergleichbare Korpora sowohl ein- als auch mehrsprachig sein.

Ein Beispiel für ein mehrsprachiges vergleichbares Korpus ist das PAROLE-Korpus. Es besteht aus zwölf Teilkorpora, unter anderem einem deutschen, englischen und französischen Teilkorpus, mit jeweils rund 20 Millionen Textwörtern. Drei weitere Teilkorpora enthalten eine geringere Anzahl an Textwörtern. Alle Teilkorpora wurden nach einheitlichen Kriterien aufgebaut und mit zusätzlichen grammatischen Informationen versehen. In jedem Teilkorpus wurden dieselben Anteile an Texten aus Büchern, Zeitungen und Zeitschriften erhoben. Ein Beispiel für ein mehrsprachiges vergleichbares Korpus der gesprochenen Sprache ist das Verbmobil-Korpus, das deutsche, englische und japanische Spontansprache aus dem Bereich der Terminvereinbarung enthält.

Als vergleichbare einsprachige Korpora sind das Brown-Korpus, das Lancaster-Oslo/Bergen-Korpus (LOB) und das Kolhapur-Korpus zu nennen. Alle drei Korpora verfügen über dieselbe Struktur, nämlich die des Brown-Korpus, bilden jedoch unterschiedliche regionale Varianten des Englischen – amerikanisches, britisches und indisches Englisch – ab.

Aufgabe 9: Das International Corpus of English (ICE) enthält insgesamt 20 Millionen Textwörter. Das Korpus besteht aus zwanzig Teilkorpora aus Ländern, in denen Englisch die einzige oder eine der offiziellen Nationalsprachen ist. Jedes der Teilkorpora enthält zu 60% gesprochene und zu 40% geschriebene Sprache, die nach denselben Kriterien erhoben wurden.

Handelt es sich beim ICE Ihrer Meinung nach um ein einsprachiges oder ein mehrsprachiges Korpus? Handelt es sich bei den Teilkorpora um parallele oder vergleichbare Korpora? Bitte begründen Sie Ihre Ansicht.

2.11 Zusammenfassung

Korpora werden nach formalen Kriterien eingeteilt in computerlesbare und Papierkorpora, in Gesamt- und Teilkorpora, in Proben- und Volltextkorpora, in statische und Monitorkorpora sowie in annotierte und nicht annotierte Korpora.

Im Hinblick auf ihren Inhalt werden Korpora der gesprochenen und der geschriebenen Sprache, Korpora der Gegenwartssprache und historische Korpora, Referenz- und Spezialkorpora sowie ein- und mehrsprachige Korpora unterschieden.

Grundbegriffe: Annotation, annotiertes Korpus, Baumbank, computerlesbares Korpus, einsprachiges Korpus, historisches Korpus, Korpus der Gegenwartssprache, Korpus der geschriebenen Sprache, Korpus der gesprochenen Sprache, mehrsprachiges Korpus, Monitorkorpus, Papierkorpus, Parallelkorpus, Probenkorpus, Referenzkorpus, Spezialkorpus, statisches Korpus, Teilkorpus, vergleichbares Korpus, Volltextkorpus

Weiterführende Literatur
Sinclair (1998) gibt einen Überblick über verschiedene Arten von Korpora. Eine weitere Korpustypologie sowie eine systematische Übersicht über deutschsprachige Korpora bieten Lemnitzer/Zinsmeister (2006, Kapitel 5). Hinweise auf weitere Korpora des Deutschen, insbesondere historische und mehrsprachige Korpora, finden sich in dem Sammelband von Schwitalla/Wegstein (Hgg.) (2005).

3. Analyse von Korpusdaten

3.1 Beschreibungsebenen

Um das sprachliche Material in einem Korpus klassifizieren, analysieren und interpretieren zu können, ist es sinnvoll, sich vorab über die verschiedenen Beschreibungsebenen klar zu werden. Zu unterscheiden sind dabei nicht nur die verschiedenen korpuslinguistischen Kategorien der Textwörter, Tokens und Types, wichtig ist auch die Abgrenzung der korpuslinguistischen Begriffe Textwort, Wortform-Type und Lemma-Type von den linguistischen Beschreibungskategorien Wort, Wortform und Lexem. Betrachten wir dazu erst einmal ein Beispiel (vgl. Linke *et al.* 2004). Wie viele Wörter enthält der folgende Satz:

(5) Wenn hinter Fliegen eine Fliege fliegt, fliegt eine Fliege Fliegen hinterher.

Hier gibt es mehrere richtige Antworten: elf, sieben oder sechs. Versteht man Wörter als Einheiten der Schriftsprache (orthografische Wörter), so muss die Antwort elf lauten, denn der Satz enthält elf Einheiten, die durch Leerzeichen oder Satzzeichen voneinander getrennt sind:

(6) 1. Wenn, 2. hinter, 3. Fliegen, 4. eine, 5. Fliege, 6. fliegt, 7. fliegt, 8. eine, 9. Fliege, 10. Fliegen, 11. hinterher

In einem Korpus werden solche, mithilfe der Schreibung definierten Worteinheiten als **Textwörter**, Wortform-Tokens oder laufende Wortformen bezeichnet. Definiert man Wörter hingegen als syntaktische Wörter oder Wortformen, d.h. als formal voneinander unterscheidbare Bestandteile des Satzes, so kommt man nur noch auf sieben Wörter:

(7) 1. wenn, 2. hinter, 3. Fliegen, 4. eine, 5. Fliege, 6. fliegt, 7. hinterher

Die Formen *Fliegen*, *eine*, *Fliege* und *fliegt* kommen im Satz doppelt vor. Sie werden bei dieser Betrachtung zusammengefasst und zählen jeweils als eine Wortform, da sie sich in ihrer Form nicht unterscheiden. In einem Korpus werden Worteinheiten, die über Unterschiede in ihrer Form definiert werden, als Wortform-Types bezeichnet. Schließlich kann man sich fragen, ob es sinnvoll ist, die Flexionsformen *Fliege* und *Fliegen* als zwei getrennte Wörter zu behandeln. Der einzige Unterschied zwischen den beiden Wortformen besteht darin, dass *Fliegen* eine zusätzliche grammatische Markierung für den Plural trägt, nämlich das Flexionssuffix -*n*, während die Wortform *Fliege* keine zusätzliche Markierung für den Singular hat. In beiden Fällen handelt es sich aber um Vertreter derselben Tierart. Anders wäre das etwa im Fall von (8).

(8)   Wenn hinter Fliegen eine Biene fliegt, fliegt eine Biene Fliegen hinterher.

Abstrahiert man also von grammatischen Markierungen, so gehören sowohl die Wortform *Fliege* als auch die Wortform *Fliegen* zum selben Wort, nämlich dem Lexem oder morphologischen Wort *FLIEGE*. Zählt man nun also die Lexeme im Beispielsatz, so kommt man auf sechs Wörter: die Konjunktion *WENN*, die Adverbien *HINTER* und *HINTERHER,* das Nomen *FLIEGE*, den Artikel *EINE* und das Verb *FLIEGEN*. In einem Korpus werden Worteinheiten, die sich nur in ihren Flexionsmerkmalen unterscheiden, unter dem Begriff Lemma oder Lemma-Type zusammengefasst. Um im Folgenden auch optisch zu verdeutlichen, wenn explizit von Lemma-Types bzw. Lexemen die Rede ist, werde ich diese im Text in Kapitälchen angeben (*FLIEGE*).

Die bisher eingeführten Begriffe Lemma-Type, Wortform-Type und Wortform-Token haben jedoch einen Nachteil: sie beziehen sich auf Worteinheiten. Korpusanalysen sind jedoch nicht auf die Untersuchung von Worteinheiten beschränkt, sondern können auch auf Laut-, Satz-, Text- oder Bedeutungsebene durchgeführt werden. Aus diesem Grund unterscheidet man in der Korpuslinguistik üblicherweise unabhängig von der Sprachebene zwischen Types und Tokens. Bei einem **Token** handelt es sich ganz allgemein um das konkrete Vorkommen einer sprachlichen Einheit im Korpus. Das kann eine bestimmte Wortform, Lautäußerung oder Phrase sein. Ein **Type** ist hingegen die abstrakte sprachliche Einheit, die zusammengehörige Tokens wie Wortformen oder Lautvarianten zusammenfasst und dabei von konkreten Merkmalsausprägungen wie Flexions- oder Intonationsmerkmalen abstrahiert.

Verdeutlichen wir uns die Unterscheidung zwischen Types und Tokens an einem konkreten Beispiel, nämlich der Untersuchung von Wortbildungswandel im Mainzer Zeitungskorpus (Scherer 2005). Ziel der Untersuchung war es festzustellen, ob und wie sich die Möglichkeiten zur Bildung von Wörtern in den letzten vier Jahrhunderten verändert haben. Dazu wurden Nomen wie *Lehrer*, *Schüler* und *Lacher* untersucht, die mithilfe des Wortbildungssuffixes -*er* aus Verben (*lehren, lachen*), Nomen (*Schule*) und anderen Wortarten abgeleitet wurden. Der folgende Ausschnitt stammt aus dem ersten von insgesamt neun Teilkorpora.

Den 12. diß hat der Herr <u>von</u> Veneſi ʒu Brüſſel ein Pancket vnd Dantʒ gehalten / vnd ſeinem **Diener** oder **Gertner** befohlen / niemand <u>ohn</u> ſeinen wiſſen <u>in</u> den Saal ʒulaſſen / gleich hernach iſt ein Spanniſcher Hauptman vnd **Ritter** *Don Roderico Floris* genant / aber nur ſchlecht / wie ein **Diener** bekleidt <u>für</u> den Saal kommen / vnd ſich <u>mit</u> gewalt eindringen wollen / dem **Gertner** ʒwey Maultaschen etliche Gemechtſtöß / vnd ein Stich <u>in</u> Arm geben / darauff der **Diener** <u>im</u> ʒorn ſeinen Dolchen außgeʒogen / vnd den Hauptman alßbald erſtochen / welchen man hernach <u>in</u> des Spinnola Hauß geführet / vnnd den **Gertner** einʒiehen laſſen / vnd die Freud eingestellt worden / als nun den dritten Tag / der Hauptman <u>von</u> allen *Officirn* vnd Herrn <u>von</u> Hoff <u>ins</u> Cloſter ʒu den **Auguſtinern** <u>ʒur</u> begrebnis begleitet / iſt entʒwiſchen der **Theter** <u>ʒum</u> Galgen geführt / gehenckt vnd ihme die rechte Hand abgehawen / vnd <u>an</u> Galgen genagelt worden / das gedůnckt jederman ein frembder Sententʒ ſein / weil der **Theter** ſeinem Befehlig nachkommen / vnd ſich auch der Nothwehr gebrauchen můſſen.

Abbildung 3: Mainzer Zeitungskorpus: Teilkorpus 1609 *Aviso* (Ausschnitt)

Analysieren wir den Ausschnitt zunächst im Hinblick auf die Bildung von Personenbezeichnungen mit dem Suffix *-er*. Der Ausschnitt enthält insgesamt zehn Tokens (vgl. 9a), die im Text fett markiert sind. Diese zehn Tokens verteilen sich auf insgesamt fünf Types (vgl. 9b).

(9)   a.   Diener, Gertner, Ritter, Diener, Gertner, Diener, Gertner, Auguſtinern, Theter, Theter

b.   AUGUSTINER (1 Token), DIENER (3 Tokens), GÄRTNER (3 Tokens), RITTER (1 Token), TÄTER (2 Tokens)

Untersuchen wir den Ausschnitt hingegen im Hinblick auf eine andere Fragestellung, etwa die Verwendung von Präpositionen, so kommen wir zu einem anderen Ergebnis. Der Ausschnitt enthält in diesem Fall 16 Tokens (vgl. 10a), die im Text unterstrichen sind. Sie verteilen sich auf sieben Types (vgl. 10b).

(10)   a.   von, ʒu, ohn, in, fůr, mit, in, im, in, von, von, ins, ʒu, ʒur, ʒum, an

b.   AN (1 Token), IN (5 Tokens), MIT (1 Token), OHNE (1 Token), VON (3 Tokens), VOR (= fůr) (1 Token), ZU (4 Tokens)

Aufgabe 10: Wie viele Textwörter enthält der oben stehende Ausschnitt aus dem Mainzer Zeitungskorpus? Bitte ermitteln Sie die Zahl der Types (Lemma-Types) und Tokens für die im Ausschnitt enthaltenen Nomen. Zählen Sie Eigennamen zu den Nomen.

Wie gesagt befasst sich aber nicht jede korpuslinguistische Analyse mit einer Untersuchung auf Wortebene. Vielmehr gibt es Fragestellungen, die sprachliche Einheiten betreffen, die größer oder kleiner sind als das Wort. So erfolgt die bereits erwähnte Untersuchung von Elter (2005) zur Kasusverwendung bei *wegen* auf der syntaktischen Ebene der Phrase. Hier werden die Begriffe Type und Token auf die im Korpus enthaltenen *wegen*-Phrasen angewendet. Um Tokens handelt es sich also etwa bei den Phrasen *wegen des Mondscheinfrisierens* oder *wegen dem starken Wind* (vgl. Kapitel 1.2). Diese Tokens verteilen sich in Elters Studie auf zwei zugrunde liegende grammatische Muster, *wegen* + Genitiv und *wegen* + Dativ. Diese beiden Muster stellen die Types dar.

Untersucht man hingegen wie Dittmar/Bressem (2005) die Verbstellung in Nebensätzen mit *weil*, so bezieht sich die Zahl der Tokens auf die Anzahl der *weil*-Nebensätze und die der Types auf die beiden Verbstellungsvarianten: finites Verb an letzter Stelle wie in (11a) bzw. finites Verb an zweiter Stelle wie in (11b).

(11) a. weil ich das immer so **mache**
      b. weil das **mache** ich immer so

Festzuhalten sind demnach zwei Dinge: Zum einen kann sich die Grundgesamtheit, auf die sich die Begriffe Type und Token beziehen, je nach Fragestellung verändern. Dahingegen ist die Anzahl der Textwörter in einem Korpus unabhängig von der untersuchten Fragestellung. Zum anderen haben die Begriffe Type und Token nicht zwangsläufig einen Bezug zur Wortebene. Vielmehr können die Begriffe auf sprachliche Einheiten unterschiedlicher Ebenen wie Wort, Satz, Text bzw. deren Bestandteile verweisen.

3.2 Methoden

Korpora können sowohl qualitativ als auch quantitativ ausgewertet werden. Der wesentliche Unterschied zwischen qualitativen und quantitativen Korpusanalysen besteht nicht darin, welche Fragestellungen untersucht werden, sondern wie diese untersucht werden. Nehmen wir das Beispiel Fremdwörter. In zwei unterschiedlichen Studien analysieren Schanke (2001) und O'Halloran (2002) den Einfluss englischer und französischer Entlehnungen, so genannter Anglizismen und Gallizismen, im Deutschen. Beide arbeiten mit einem selbst zusammengestellten Korpus aus Zeitungen bzw. Zeitschriften. Schankes Korpus enthält sämtliche Ausgaben des *Handelsblatts* aus dem März 2000, O'Hallorans Korpus umfasst ein Teilkorpus zur Modesprache mit mehreren Jahrgängen der Frauenzeitschrift *Brigitte* sowie ein Teilkorpus zur Standardsprache, das mehrere Jahrgänge des Nachrichtenmagazins *Stern* und der *Berliner Illustrierten Zeitung* enthält.

Abgesehen von der Größe der Korpora unterscheiden sich die beiden Studien auch in ihrer Methode. Während Schanke in seiner Korpusanalyse einen qualitativen Ansatz wählt, untersucht O'Halloran ihr Korpus unter quantitativen Gesichtspunkten.

Schankes Ziel ist es, die gefundenen Fremdwörter im Hinblick auf ihre Wortart zu klassifizieren und sie bestimmten Themenbereichen wie Computerbranche, Börse oder Bankwesen zuzuordnen. Bei Schankes Untersuchung geht es also darum, in einem Korpus die Existenz bestimmter sprachlicher Erscheinungen, nämlich Anglizismen, festzustellen, die einzelnen Wörter herauszusuchen und sie nach bestimmten Kriterien, konkret nach Wortfeldern, zu klassifizieren. Schankes Vorgehen entspricht dem einer **qualitativen Korpusanalyse**. Qualitative Korpusanalysen legen ihren Schwerpunkt auf die Ermittlung, die Klassifizierung, die Einordnung und Interpretation von bestimmten Phänomenen.

Im Gegensatz dazu steht O'Hallorans Arbeit. O'Halloran untersucht die Verbreitung von englischen und französischen Fremdwörtern innerhalb der letzten einhundert Jahre. Dabei stellt sie fest, dass der Anteil an Fremdwort-Types im Gesamtkorpus steigt, und zwar von 0,6% im Jahr 1902 auf 2,0% im Jahr 1997. Darüber hinaus beobachtet sie, dass der Anteil von Fremdwort-Tokens im Teilkorpus zur Modesprache zu jedem Zeitpunkt den Fremdwortanteil im Teilkorpus zur Standardsprache übersteigt. Im Jahr 1997 liegt der Fremdwortanteil in der Standardsprache z.B. bei 4,0%, in der Modesprache hingegen bei 14%. O'Halloran geht es in ihrer Untersuchung also darum, die **Frequenz** von bestimmten Phänomenen zu ermitteln und miteinander zu vergleichen, um daraus Rückschlüsse über die untersuchte Fragestellung ziehen zu können. Das Bestimmen von Häufigkeiten im Korpus und die sich daraus ergebende Möglichkeit, Ergebnisse unmittelbar miteinander zu vergleichen, ist das Kennzeichen **quantitativer Korpusuntersuchungen**.

An quantitativen Kennzahlen wird standardmäßig die Korpusgröße ermittelt, die üblicherweise in Textwörtern gemessen wird (vgl. Kapitel 4.8). Sie bildet die wichtigste Bezugsgröße für alle quantitativen Auswertungen. Ist die Größe eines Korpus nicht bekannt, sind quantitative Analysen nur dann sinnvoll, wenn die Ergebnisse für mehrere ähnlich geartete Phänomene innerhalb des Korpus verglichen werden können.

Von besonderem Interesse ist für den Forscher die Anzahl der Types und Tokens des untersuchten Phänomens, da diese beiden Zahlen Auskunft darüber geben, wie oft ein Phänomen insgesamt im Korpus belegt ist (Tokens) und auf wie viele unterschiedliche

Ausprägungen des Phänomens (Types) sich die Tokens verteilen. So fanden sich im obigen Ausschnitt aus dem Mainzer Zeitungskorpus insgesamt fünf Types und zehn Tokens für die untersuchten nominalen -er-Derivate (vgl. Abbildung 3).

Wichtig ist, die Zahl der Types und Tokens jeweils im Verhältnis zur Korpusgröße zu sehen. Zehn Tokens in einem kleinen Korpus können relativ gesehen eine höhere Frequenz darstellen als hundert Tokens in einem großen Korpus. Liegt die Zahl der Types und Tokens vor, kann man daraus das Verhältnis von Types zu Tokens berechnen. Dieses **Type-Token-Verhältnis** gibt Auskunft darüber, wie viele Tokens durchschnittlich auf einen Type entfallen. Liegt die Anzahl der Tokens je Type sehr hoch, handelt es sich bei den meisten Tokens vermutlich um häufig verwendete Ausdrücke, die eine gewisse Formelhaftigkeit aufweisen. Die Anzahl der spontanen, neuen Formen, die dem untersuchten Muster folgen, ist dann gering. Umgekehrt ist ein niedriges Verhältnis von Types zu Token ein Indiz dafür, dass viele Types nur selten vorkommen. Kommt ein Type nur ein einziges Mal im Korpus vor, spricht man von einem **Hapax Legomenon**. Enthält ein Korpus viele Hapax Legomena und andere seltene Types, ist die Wahrscheinlichkeit hoch, dass das untersuchte sprachliche Muster von den Sprechern bzw. Schreibern produktiv eingesetzt wird und dass nach seinem Vorbild neue Bildungen vorgenommen werden. Allgemein kann der Anteil der Hapax Legomena an der Zahl der Tokens dazu verwendet werden, die **Produktivität** eines sprachlichen Musters zu bestimmen. Je höher der Anteil der Einmalbelege, desto höher ist die Wahrscheinlichkeit, dass das Muster Neubildungen hervorbringt.

Zielt eine Korpusuntersuchung weniger auf die Wortebene als auf die Satzebene ab, so ist es sinnvoll, die Anzahl der Sätze in einem Korpus oder in einem Text zu ermitteln. Zudem können die durchschnittliche Satzlänge, die Zahl der Sätze mit einer bestimmten Länge sowie der Anteil von Sätzen mit einer bestimmten Zahl an Wörtern dazu dienen, syntaktische Charakteristika eines Korpus, eines Textes oder einer Varietät herauszuarbeiten.

Um zu gewährleisten, dass es sich bei den ermittelten Ergebnissen nicht um bloßen Zufall handelt, empfiehlt es sich, die Ergebnisse statistisch abzusichern. Dies geschieht mittels eines Signifikanztests, der sicherstellt, dass die Ergebnisse nicht allein dem Zufall geschuldet sind. Die meisten Signifikanztests gehören jedoch der höheren Mathematik an, sodass es sich empfiehlt, entsprechende Statistikprogramme zu benutzen.

3.3 Vergleichbarkeit von Daten

Beim Vergleich von Daten aus unterschiedlichen Korpora ist es wichtig, qualitative und quantitative Charakteristika der Korpora zu beachten. Zum einen sollte überlegt werden, ob sich die Korpora aufgrund ihrer Konzeption überhaupt vergleichen lassen und wenn ja, in welchem Rahmen. Auf den ersten Blick scheint es wenig sinnvoll zu sein, ein Korpus der Kindersprache mit einem historischen Korpus oder einem Korpus zur Fachsprache der Biologie zu vergleichen. Dennoch kann ein solcher Vergleich sinnvoll sein, wenn untersucht werden soll, ob Parallelen in der kindlichen und der historischen Sprachentwicklung bestehen oder ob Biologiebücher für die Schule den Entwicklungsstand der Kinder angemessen berücksichtigen, was die Bezeichnung von Pflanzen, Tieren und deren Teilen betrifft.

Als Vergleichsgrundlage dienen häufig Referenzkorpora, die als Standard verwendet werden, um Abweichungen zwischen Varietäten und Standardsprache festzustellen (vgl. Kapitel 2.9). Ein Referenzkorpus kann also dazu dienen, festzustellen, inwieweit sich das Bairische, die Fachsprache der Medizin oder das Mittelhochdeutsche von der Standardsprache unterscheiden. Daneben ist es aber auch wichtig, auf die quantitative Vergleichbarkeit zu achten. Tabelle 1 zeigt die Ergebnisse einer Suchabfrage in drei verschiedenen Korpora des IDS, dem Bonner Zeitungskorpus, dem LIMAS-Korpus und dem Mannheimer Korpus 1. Gesucht wurde nach den Wortformen *Buch*, *Hochhaus* und *Universität*.

Suchbegriff	Bonner Zeitungskorpus	LIMAS-Korpus	Mannheimer Korpus 1
Buch	313	166	229
Hochhaus	16	3	6
Universität	315	116	219

Tabelle 1: Ergebnisse der Stichwortsuche (absolut)

Wie man sieht, finden sich im Bonner Zeitungskorpus jeweils die meisten und im LIMAS-Korpus jeweils die wenigsten Belege für alle drei Suchbegriffe. Woran liegt das? Nun, zum einen könnte es an der Zusammensetzung der Korpora liegen: Während das Bonner Zeitungskorpus ausschließlich Zeitungstexte enthält, ist der Anteil an Zeitungstexten in den anderen beiden Korpora gering. Sie bestehen überwiegend aus Textsorten wie Belletristik, Gebrauchsliteratur und wissenschaftlichen Texten. Eine mögliche Folgerung ist also, dass sich alle drei Suchbegriffe überdurchschnittlich häufig in Zeitungstexten finden. Bevor man jedoch einen solchen Schluss zieht, sollte man einen Blick auf die Größe der Korpora werfen, die verglichen werden sollen.

Aufgabe 11: In einem Korpus A finden sich 80 Belege für das Wort *BLUMENTOPF*, in Korpus B 100 Belege für dasselbe Wort. Korpus A und Korpus B enthalten je eine Million Textwörter. Korpus C enthält ebenfalls 100 Belege für *BLUMENTOPF*, aber anderthalb Millionen Textwörter. In welchem der drei Korpora finden sich die meisten Belege für das Wort *BLUMENTOPF*?

Obwohl sich im Bonner Zeitungskorpus mehr Belege für die Wortform *Buch* finden als in den anderen beiden Korpora, bedeutet dies nicht unbedingt, dass *Buch* im Bonner Zeitungskorpus häufiger ist als im LIMAS-Korpus oder dem Mannheimer Korpus 1. Dies liegt daran, dass eine Aussage über die Häufigkeit eines Wortes immer im Verhältnis zur Größe des Korpus gesehen werden muss.

Ein direkter Vergleich von Korpusdaten ist aufgrund unterschiedlicher Korpusgröße im Normalfall nicht möglich. Insofern ist es beim Vergleich von Daten aus verschiedenen Korpora von größter Wichtigkeit, die jeweiligen Ergebnisse ins Verhältnis zur Korpusgröße zu setzen. Geht es darum, die Frequenz bestimmter Wörter anzugeben, so kann dies wie bei O'Halloran (2002) in Form von Prozentangaben geschehen, die sich auf die Zahl der Textwörter oder Lemma-Types im Korpus beziehen. Befasst sich die Untersuchung hingegen nicht mit Einheiten der Wortebene, so kommt nur eine **Normalisierung** infrage. Bei der Normalisierung werden die Ergebnisse auf eine bestimmte Anzahl von Textwörtern, etwa 10.000 oder eine Million, umgerechnet. Dabei sollte sich die Normalisierung an der typischen Textlänge im Korpus orientieren.

Vergleichen wir das Bonner Zeitungskorpus mit dem LIMAS-Korpus und dem Mannheimer Korpus 1, so ergibt sich folgendes Bild: Das Bonner Zeitungskorpus enthält über 3,6 Millionen Textwörter und ist damit fast dreimal so groß wie das LIMAS-Korpus mit rund 1,2 Millionen Textwörtern und etwa anderthalbmal so groß wie das Mannheimer Korpus 1, das rund 2,6 Millionen Textwörter beinhaltet. Es ist also nicht verwunderlich, dass sich im größten Korpus die meisten Belege finden und im kleinsten Korpus die wenigsten! Als Konsequenz aus diesen Größenunterschieden müssen sämtliche Ergebnisse auf eine genormte Korpusgröße umgerechnet werden (vgl. Tabelle 2). Sinnvoll erscheint in diesem Fall eine Normgröße von einer Million Textwörtern.

Suchbegriff	Bonner Zeitungskorpus	LIMAS-Korpus	Mannheimer Korpus 1
Buch	86	**135**	89
Hochhaus	4	2	2
Universität	87	**94**	85

Tabelle 2: Ergebnisse der Stichwortsuche (normalisiert je 1 Mio. Textwörter)

Die normalisierten Daten in Tabelle 2 zeigen im Vergleich zu Tabelle 1 ein ganz anderes Bild: Lediglich die Wortform *Hochhaus* kommt mit vier Belegen je Million Textwörter im Bonner Korpus häufiger vor als in den anderen beiden Korpora. Dahingegen finden sich die meisten Belege für *Buch* (135) und *Universität* (94) im LIMAS-Korpus. In den anderen beiden Korpora haben *Buch* und *Universität* hingegen fast dieselbe Frequenz.

Nach dem Vergleich der normalisierten Ergebnisse lautet die Frage also nicht mehr, warum die Wortformen *Buch*, *Hochhaus* und *Universität* im Bonner Zeitungskorpus am häufigsten sind, sondern vielmehr, warum *Buch* im LIMAS-Korpus deutlich öfter vorkommt als in den anderen Korpora, warum *Hochhaus* im Bonner Zeitungskorpus doppelt so oft belegt ist wie in den anderen Korpora und warum *Universität* in allen drei Korpora fast gleich häufig vorkommt.

Bei dem Vergleich von Daten aus verschiedenen Korpora sind demnach zwei Dinge wichtig: Zum einen sollte man sich fragen, ob es im Hinblick auf die zu untersuchende Fragestellung überhaupt sinnvoll ist, zwei gegebene Korpora miteinander zu vergleichen. Zum anderen ist es unerlässlich, bei einem Vergleich von korpusbasierten Häufigkeiten die Korpusgröße zu berücksichtigen, da bei unterschiedlich großen Korpora andernfalls die Ergebnisse des Vergleichs verfälscht werden.

Aufgabe 12: Unten finden Sie die Ergebnisse aus dem Erlanger Dürer-Korpus (Müller 1993) und dem Würzburger Korpus der Wissensliteratur (Brendel *et al.* 1997) zur Wortbildung in frühneuhochdeutschen Fachtexten.
In welchem der beiden Korpora finden sich die meisten Nominalisierungen mit den Suffixen *-er*, *-heit/-keit* und *-ung* (Types, Tokens)? Bitte berechnen Sie zudem das Type-Token-Verhältnis für die einzelnen Suffixe und vergleichen Sie die Ergebnisse miteinander.

Korpus	Text-wörter	*-er*		*-heit/-keit*		*-ung*	
		Types	Tokens	Types	Tokens	Types	Tokens
Dürer-Korpus	440.000	93	700	76	326	193	2.443
Wissens-literatur	1.073.000	510	4.505	454	6.575	1.025	5.213

3.4 Stichwortsuche – die Suche nach Wörtern, Wortformen und Wortteilen

Die einfachste Möglichkeit an Informationen in einem Korpus zu kommen, ist die Suche nach einem bestimmten Wort, einer Wortform oder einem Wortteil wie *HAUS, liest* oder *un-*. Genau diese Möglichkeit der Stichwortsuche haben Günther (2002) und Hämmer (2001) genutzt, um die Verwendung des Wortes *stolz* bzw. des Wortteils *-park* zu analysieren.

Anlass für Günthers Untersuchung des Wortes *stolz* war die öffentliche Diskussion um den Satz *Ich bin stolz darauf, ein Deutscher zu sein*, den ein Politiker in einem Interview geäußert hatte. Günther wollte jenseits der gesellschaftlichen Debatten klären, in welchem Zusammenhang das Wort *stolz* verwendet wird. Stolz sein, so ergab Günthers Recherche in den Textkorpora des IDS, kann man nicht nur auf eine Leistung (vgl. 12a), eine berufliche oder private Tätigkeit (vgl. 12b), sondern auch auf eine bestimmte nationale oder geografische Herkunft (vgl. 12c).

(12) a. stolz darauf, Abgeordneter geworden zu sein
      b. stolz darauf, ein Bauer/ein Zeitungsleser zu sein
      c. stolz darauf, ein Schweizer/ein Münchner zu sein

Wie Günther feststellt, bringt die Äußerung *stolz darauf, ein X zu sein* somit zwar ein gewisses Maß an Selbstbewusstsein zum Ausdruck, sie muss jedoch nicht zwangsläufig ein Zeichen von Überheblichkeit seitens des Sprechers sein.

Anders als Günther suchte Hämmer nicht nach vollständigen Wörtern, sondern lediglich nach einem Wortbestandteil. Gegenstand ihrer Analyse bildeten Komposita mit dem Zweitglied *-park*. Hämmers Suche im Korpus des Projekts Deutscher Wortschatz in Leipzig ergab, dass die Komposita mit *-park* semantisch in zwei Gruppen zerfallen. Bei der größeren Gruppe handelt es sich um klassische Determinativkomposita, bei denen *-park* als Grundwort auftritt (vgl. 13a).

(13) a. Schlosspark, Tierpark, Vergnügungspark
      b. Gerätepark, Unternehmenspark, Windpark

Ein *Schlosspark, Tierpark* oder *Vergnügungspark* ist eine bestimmte Art von Park, die durch das Erstglied näher bestimmt wird: ein Park am Schloss, ein Park mit Tieren, ein Park, den man zur Vergnügung besucht. Daneben fand Hämmer aber auch Beispiele wie in (13b), wo *-park* im Sinne von 'Ansammlung, Gesamtheit von X' interpretiert werden muss. Ein *Gerätepark* ist nicht ein Park mit Geräten, sondern vielmehr eine Ansammlung von Geräten, ein *Unternehmenspark* nicht der Park eines Unternehmens, sondern eine Ansammlung verschiedener Unternehmen an einem Ort usw. Insofern konnte Hämmer anhand ihrer Korpusanalyse nachweisen, dass sich bei einer Gruppe der *-park*-Komposita die Bedeutung des Zweitglieds semantisch verschiebt, eine Entwicklung, die charakteristisch ist für die Grammatikalisierung von Kompositionsgliedern zu Suffixen.

Die Suche nach einem bestimmten Stichwort ist immer dann sinnvoll, wenn es wichtig ist, unabhängige Informationen über einzelne Merkmale des Suchbegriffs, etwa dessen Bedeutung und Verwendung, zu erhalten. Aus diesem Grund bietet sich die Stichwortsuche in einem Korpus auch für Deutschlerner und Übersetzer an, da das Korpus authentische Verwendungskontexte für den Suchbegriff aufzeigt. Die Wortsuche leistet aber auch bei der Erstellung von Wörterbüchern unverzichtbare Dienste. So stehen die Herausgeber von Neologismenwörterbüchern, d.h. von Wörterbüchern mit "neuen" Wörtern, vor dem Problem festzustellen, welche Wörter in einer Sprache auch tatsächlich neu sind. Tellenbach (2001) berichtet, dass ein Projektteam durch Lektüre rund 5.000 potenzielle Neologismen aufspürte. Jedes dieser Wörter wurde anschließend in den Korpora des IDS überprüft. Die Überprüfung führte zu dem Ergebnis, dass weniger als ein Fünftel der Wörter, die das Wörterbuchteam als Neologismen eingeschätzt hatte, auch tatsächlich neu in der Sprache waren.

Da die Stichwortsuche in einem Korpus in der Regel keinerlei Vorwissen, sondern höchstens etwas Probierfreude erfordert, ist sie weit verbreitet und bietet sich als Einstieg in die Korpusarbeit an. Man gibt die zu suchende Form in die Suchmaschine ein, wartet ab, was passiert, und versucht es gegebenenfalls mit einem leicht abgeänderten Suchwort nochmals. Eine Sache, die man bedenken sollte, ist, dass manche Suchabfragen zwischen Groß- und Kleinschreibung unterscheiden. Teilweise muss man auch bei der Suche nach Wortbestandteilen zusätzliche Platzhalter eingeben.

Prinzipiell ist die Stichwortsuche in Papierkorpora ebenso möglich wie in Computerkorpora. Der grundlegende Unterschied besteht darin, dass bei Papierkorpora die Suche nicht automatisch durchgeführt werden kann, sondern manuell ausgeführt werden muss (vgl. Kapitel 4.6).

Allerdings sind die Möglichkeiten, die die Stichwortsuche bietet, begrenzt. Insbesondere die Homographie und Polysemie von Textwörtern stellen ein Problem dar. Verdeutlichen wir uns das am Beispiel der Homographie (zur Polysemie vgl. Kapitel 3.5). Im Fall von Homographie gehören gleich geschriebene Wortformen wie *Regen* in (14) nicht zum selben Lemma-Type.

(14) a. Trotz strömendem **Regen** blieben die Zuschauer bis zum Ende der spannenden Begegnung.

b. **Regen** Absatz fand auch der neue Kleinwagen des japanischen Autoherstellers.

Während *Regen* in (14a) eine Wortform des Nomens REGEN darstellt, handelt es sich bei der identischen Wortform *Regen* in (14b) um eine Form des Adjektivs REGE.

Da in einem reinen Textkorpus keine Informationen zur Wortart oder zum zugehörigen Lexem verfügbar sind, operiert eine Suchabfrage in einem solchen Korpus prinzipiell auf der Ebene der syntaktischen Wörter, also der Wortform-Types. Homographe Wortformen wie *Regen* in (14a) und (14b) können in einem nicht annotierten Korpus nicht auseinander gehalten werden. Grammatisch annotierte Korpora hingegen erlauben, bei der Suche zwischen den Lemma-Types REGEN und REGE zu unterscheiden (vgl. Kapitel 5.3).

Homographe Wortformen und polyseme Wörter können jedoch auch in reinen Textkorpora unterschieden werden, wenn man die einzelne Wortform nicht isoliert, sondern in ihrem Kontext, d.h. in ihrer unmittelbaren Textumgebung, betrachtet. In diesem Fall kann der Kontext die Information ersetzen, die eine Annotation bietet.

Aufgabe 13: Welche Bedeutungen haben die Wörter *Karte, decken* und *grün*? Wie werden sie verwendet? Im Zusammenhang mit welchen anderen Wörtern werden sie häufig verwendet? Gibt es feste Redewendungen? Welches der Wörter wird am häufigsten verwendet? Überprüfen Sie Ihre Intuition anhand eines Wörterbuchs und mithilfe einer Suchmaschine im Internet.

3.5 Konkordanzen – Wörter und Wortformen im Kontext

Eine **Konkordanz** ist eine Liste, die alle Vorkommen eines ausgewählten Wortes – oder auch mehrerer Wörter – im Kontext zeigt. Das Wort, für das die Konkordanz erstellt wird, wird auch Knoten genannt. Für Konkordanzen üblich ist eine zeilenweise Darstellung, die als **KWIC** von englisch *key word in context* bezeichnet wird. Dabei wird der Suchbegriff in der Mitte einer Textzeile dargestellt und üblicherweise grafisch hervorgehoben. Auf dessen linker und rechter Seite wird so viel Kontext angegeben, wie die Zeile erlaubt. Abbildung 4 zeigt einen Ausschnitt aus der Konkordanz für *fahren* im KWIC-Format. Die Konkordanz wurde mit dem Web-basierten Konkordanzprogramm WebConc erstellt (vgl. Kapitel 5.1).

Mit dem Drahtesel durch Köln Fahrrad **fahren** in Köln liegt voll im Trend. Das Fahrrad hat
m Sonntag mit dem Bus 721 zum Flughafen **gefahren**. Die Haltestelle Bankstraße ist direkt bei
klauen einen vollbeladenen Möbelwagen und **fahren** davon. Aus einer kleinen Probefahrt wird
in ich gern mal mit BVG zum Einkaufen **gefahren**. Jetzt nehme ich nur noch Auto - ist auf ein
stens einem freien Feld jetzt prima schwarz **fahren**. Oder habe ich was falsch verstanden? Trac
rüher als viele Ihrer Altersgenossen Auto **fahren** zu dürfen. Gehen Sie verantwortungsvoll d
d Ihren Ausweis immer mit, wenn Sie Auto **fahren**. Halten Sie sich unbedingt an die Auflagen
ungen Service Kontakt email Impressum. Wir **fahren** Sie ... ...und Ihr Gepäck... ...hin und zurü
übermüdet sind Gurten Sie sich immer an **Fahren** Sie defensiv und vorausschauend Denken Si
emals von der Straße weg und ins Gelände **fahren**. Aber man fühlt sich in so einem Ding ein

Abbildung 4: WebConc: Konkordanz für *fahren* (Ausschnitt)

Neben Konkordanzen im KWIC-Format werden auch Konkordanzen verwendet, die ganze Sätze oder Abschnitte des Kontextes oder eine vorher bestimmte Anzahl an Textzeilen wiedergeben.

Konkordanzen erlauben es, die Suchbegriffe in ihrem Kontext zu analysieren. Der Ausschnitt aus der Konkordanz für *fahren* in Abbildung 4 lässt verschiedene Verwendungen des Verbs erkennen, die ohne Kontext nicht zu unterscheiden wären. So verzeichnet die Konkordanz folgende Verwendungen von *fahren*, die im Satz jeweils unterschiedliche syntaktische Ergänzungen bzw. Angaben erfordern:

(15) a. *fahren* mit einem Adverbial der Art und Weise (*Fahren Sie defensiv*)
b. *fahren* mit Akkusativ-Objekt ('etwas fahren', z.B. ein Auto oder ein Fahrrad)
c. *fahren* mit Dativ-Objekt ('jemanden fahren')
d. *fahren* mit einem Adverbial der Richtung ('irgendwohin fahren', z.B. zum Flughafen oder ins Gelände)

Zudem findet sich ein Beleg für die idiomatische Wendung *schwarz fahren*, die nicht wörtlich, sondern im übertragenen Sinn zu verstehen ist als 'fahren ohne Fahrkarte'. Konkordanzen ermöglichen es also, verschiedene Bedeutungen eines Wortes zu erkennen oder bestimmte grammatische Strukturen zu ermitteln, in denen ein Wort verwendet werden kann.

Kehren wir an dieser Stelle zurück zum Problem von Homographie und Polysemie. Mit dem Problem der Polysemie, d.h. der Mehrdeutigkeit von sprachlichen Ausdrücken, hat sich Haß-Zumkehr (2002) beschäftigt (zur Homographie vgl. Kapitel 3.4). Sie interessierte sich für die verschiedenen Bedeutungsvarianten von *Absatz*, wie sie sich in Wörterbüchern und Textkorpora finden. Wörterbücher nennen unter dem Stichwort *Absatz* üblicherweise folgende Bedeutungen:

(16) a. Teil eines Textes, insbesondere eines Gesetzestextes
      b. Unterbrechung einer Fläche, etwa einer Treppe oder Mauer
      c. Teil eines Schuhs
      d. Ablagerung, etwa von Kalk oder Kies
      e. Verkauf von Waren und Produkten

Für den korpusbasierten Teil ihrer Untersuchung verwendete Haß-Zumkehr eine Konkordanz, die auf den Textkorpora des IDS basiert. Diese ist ausschnittsweise in Abbildung 5 wiedergegeben:

wie Senatoren hat – bestimmt Artikel 51 **Absatz** 2 des Grundgesetzes : .
       die Schuhfabrik hat keinen **Absatz** mehr , beim Glühlampenhersteller
Verteidigungswaffen fänden " reißenden **Absatz** " , berichtete das Hallesche Boule
fkleber fanden unter Trabifahrern guten **Absatz** .
ltog sich im Schatten des Artikels 20, **Absatz** 2 der Verfassung , der die Diskrim
r Forschung über die Produktion bis zum **Absatz** - weltmarktfähige Erzeugnisse her
ndung von Wissenschaft , Produktion und **Absatz** in diesen starken ökonomischen Ei

Abbildung 5: Konkordanz für *Absatz* (Haß-Zumkehr 2002)

In diesem Ausschnitt aus der Konkordanz finden sich Beispiele für die zwei häufigsten Bedeutungsvarianten, die Haß-Zumkehr in ihrem Korpus fand. Dies sind zum einen die wirtschaftsbezogene Lesart von *Absatz* im Sinne von (16e), die die deutliche Mehrheit aller Vorkommen ausmachte. Zum anderen ist es die textbezogene Lesart in (16a), die im Korpus ebenfalls relativ häufig vorkam. Eher selten belegt war hingegen eine dritte Bedeutung von *Absatz*, nämlich 'Teil eines Schuhs' (vgl. 16c). Zwei weitere im Wörterbuch angegebene Bedeutungen, *Absatz* im Sinne von (16b) und (16d), waren in den Konkordanzen nicht zu ermitteln. Wie der Fall von *Absatz* zeigt, kann die Analyse von Konkordanzen somit dazu beitragen, Wörterbucheinträge benutzerfreundlicher zu gestalten.

Konkordanzen machen es möglich, ein bestimmtes Wort in einer Vielzahl von Kontexten zu untersuchen und so eventuelle Bedeutungsvarianten zu erfassen. Wie wir am Beispiel von *fahren* gesehen haben, geben Konkordanzen aber auch Auskunft über den Bedeutungszusammenhang, in dem ein Wort verwendet wird, und über dessen grammatische Einbindung im Satz. Ähnliche Gründe sind auch ausschlaggebend dafür, mehrsprachige Konkordanzen bei der Übersetzung zu nutzen. Wie die deutsch-englische Konkordanz in Abbildung 6 zeigt, lautet die englische Entsprechung für *Sprache* je nach Kontext einmal *power of speech* und einmal *language*.

ac/decker – 632
I could hardly raise my hands; I had lost the power of speech.
Ich konnte kaum noch die Hände heben; ich hatte die **Sprache** verloren.

45

ac/harm – 478
Some were for revolution, others for reform, most preferring to speak in revolutionary language and to act in a reformist manner.
Einige waren für Revolution, andere für Reform, die meisten zogen es vor, eine revolutionäre **Sprache** zu sprechen, aber reformistisch zu handeln.

Abbildung 6: German/English-Translation-Korpus: Konkordanz für *Sprache* (Ausschnitt)

Konkordanzen, so kann man abschließend festhalten, dienen also dazu, Kontextinformationen zugänglich zu machen. Sie liefern jedoch keine Interpretation. Diese vorzunehmen ist die Aufgabe des Korpuslinguisten.

Aufgabe 14: Bitte erstellen Sie eine Konkordanz für das Wort *Absatz*. Benutzen Sie dazu ein beliebiges Korpus mit Konkordanzfunktion wie das DWDS-Korpus oder ein Programm wie Cosmas II oder WebConc.
Überprüfen Sie anschließend 50 Treffer. Welche Bedeutungsvarianten für *Absatz* finden Sie?

3.6 Kollokationsanalyse – die Suche nach benachbarten Wörtern

Um einen Überblick über den Kontext zu erhalten, in dem ein Wort steht, können Konkordanzen nach ihrem linken oder rechten Kontext sortiert werden. Abbildung 7 zeigt nochmals die Konkordanz für *Absatz* aus Abbildung 5, dieses Mal sind die einzelnen Zeilen jedoch nach dem rechten Kontext rückläufig sortiert. Konkret bedeutet dies, dass bei der Sortierung zuerst der letzte, dann der vorletzte, dann der drittletzte Buchstabe des rechten Kontextes berücksichtigt wird und so fort.

ndung von Wissenschaft , Produktion und **Absatz** in diesen starken ökonomischen Ei
r Forschung über die Produktion bis zum **Absatz** - weltmarktfähige Erzeugnisse her
Verteidigungswaffen fänden " reißenden **Absatz** " , berichtete das Hallesche Boule
die Schuhfabrik hat keinen **Absatz** mehr , beim Glühlampenhersteller
fkleber fanden unter Trabifahrern guten **Absatz** .
ltog sich im Schatten des Artikels 20, **Absatz** 2 der Verfassung , der die Diskrim
wie Senatoren hat – bestimmt Artikel 51 **Absatz** 2 des Grundgesetzes : .

Abbildung 7: Konkordanz für *Absatz* (sortiert nach rechten Kontext)

Findet eine solche Sortierung statt, so fallen häufig nebeneinander stehende Wortverbindungen wie etwa *reißenden Absatz finden* in Abbildung 7 leicht ins Auge. Sind zwei oder mehrere Wörter überdurchschnittlich oft benachbart, spricht man von **Kollokationen** oder Kookurrenzen. Wörter, die typischerweise in Verbindung mit einem Zielwort auftreten, werden als Kollokationspartner bezeich-

46

net. Kollokationspartner zu *Himmel* sind im DWDS-Korpus *blau* (*blauer Himmel*), *grau* (*grauer Himmel*) oder *Erde* (*Himmel und Erde*), Kollokationspartner zu *blau* sind hingegen *rot*, *grün* oder *Himmel* (vgl. Kapitel 5.2).

Nach Kollokationspartnern wird jedoch häufig nicht innerhalb des gesamten Textes gesucht, sondern nur innerhalb einer festgelegten Textspanne. Wörter, die zwar häufig zusammen auftreten, aber weiter voneinander entfernt stehen, werden somit nicht mehr als Kollokationen erfasst. Anhand der Anzahl des gemeinsamen Auftretens von Zielwort und Kollokationspartner kann die Stärke einer Kollokation bestimmt werden. Kollokationen, deren Vorkommen deutlich die Wahrscheinlichkeit eines zufälligen Zusammentreffens übersteigen, werden als signifikante Kollokationen bezeichnet.

Für das Wort *Hund* hat Steyer (2002) auf der Grundlage der IDS-Textkorpora eine detaillierte Kollokationsanalyse vorgenommen. Ihr Ziel war es herauszufinden, ob sich mithilfe von Textkorpora sprachliches Wissen über bestimmte Begriffe, deren Bedeutung und Verwendung rekonstruieren lässt, das über die üblichen Wörterbuchinhalte hinausgeht. Als typische Kollokationspartner von *Hund* fand Steyer unter anderem die in (17) genannten Wörter *Leine*, *bellen* usw.

(17) Leine, bellen, Herrchen, Rassen, beißen, Schwanz, wedelt, Gassi, Haustiere, Zucht, streicheln

Diese Kollokationen von *Hund* stehen in Einklang mit unserem kulturellen Wissen über Hunde: Hunde sind Haustiere, sie werden von ihrem Herrchen an der Leine Gassi geführt, sie bellen, beißen, wedeln mit dem Schwanz, sie lassen sich streicheln, Hunde gehören zu verschiedenen Rassen, die gezüchtet werden, und so fort. Wie die Kollokationspartner von *Hund* in (17) zeigen, lassen sich Korpora also gut nutzen, um stereotypes Wissen über bestimmte Begriffe zu ermitteln.

Steyers Kollokationsanalyse zeigte darüber hinaus aber auch, dass das Wort *Hund* häufig in Zusammenhang mit Wörtern aus dem Wortfeld Familie wie *Vater*, *Mutter*, *Kind*, *Oma* oder *Haus* auftritt. Dies deutet darauf hin, dass *Hund* im Deutschen in ein bestimmtes Stereotyp von Familie eingebettet ist. Schließlich untersuchte Steyer mithilfe der Kollokationsanalyse das Auftreten von *Hund* in idiomatischen Wendungen. Dabei fand sie nicht nur bekannte Sprichwörter wie in (18), sondern stellte zusätzlich neue Mehrwortverbindungen wie in (19) fest. Diese neuen Ausdrücke haben in der Umgangssprache bereits den Charakter von idiomatischen

Wendungen erreicht, sind bisher aber noch nicht in Wörterbüchern verzeichnet.

(18) a. Hunde, die bellen, beißen nicht.
     b. Man soll schlafende Hunde nicht wecken.
(19) a. der Schwanz wedelt mit dem Hund
     b. von allen Hunden gehetzt sein
     c. ein harter Hund sein

Zusammenfassend lässt sich sagen, dass die Analyse von Kollokationen ein guter Weg ist, um die Bedeutung bzw. Bedeutungsvarianten und die Verwendung eines Wortes zu ermitteln. Entsprechend wird die Analyse von Kollokationen in der Lexikografie, aber auch beim Übersetzen oder im Fremdsprachunterricht eingesetzt. Wie Steyers Analyse gezeigt hat, kann man Kollokationen aber auch dazu nutzen, um Stereotypen abzufragen, die mit einzelnen Ausdrücken verbunden sind.

Aufgabe 15: Erstellen Sie eine Konkordanz für die Wörter *Mann* und *Frau*. Benutzen Sie dazu ein beliebiges Korpus mit Konkordanzfunktion wie das DWDS-Korpus oder ein Programm wie Cosmas II oder WebConc. Überprüfen Sie anschließend je 50 Treffer. Welche Kollokationen finden Sie? Welche Eigenschaften werden Männern, welche Frauen zugeschrieben?

3.7 Wortlisten – Überblick über den Wortschatz

Eine einfache Möglichkeit, wenn man nicht nur einzelne Wörter, sondern den gesamten Wortschatz einer Sprache oder Varietät untersuchen will, ist es, ausgehend von einem entsprechenden Korpus eine **Wortliste** aller enthaltenen Textwörter zu erstellen. Diese Wortlisten ermöglichen es, einen groben Überblick über das in einem Korpus enthaltene sprachliche Material zu erhalten. Durch den Vergleich von Wortlisten lassen sich z.B. Fach- und Spezialwortschätze von der Standardsprache abgrenzen. Als medizinische Fachwörter wären etwa all jene Wörter aus einem medizinischen Textkorpus einzuordnen, die auf der Wortliste eines standardsprachlichen Referenzkorpus fehlen.

Überlegt man sich, welche Wörter im Deutschen besonders häufig sind, wird man vermutlich spontan an Wörter wie in (20) denken, an Wörter also, die Lebewesen, Gegenstände und Tätigkeiten bezeichnen, mit denen jeder von uns tagtäglich zu tun hat, und deren Entsprechungen man im Fremdsprachunterricht zuerst lernt.

(20) Mann, Frau, Kind, Haus, Auto, essen, trinken, schlafen

Umso erstaunter ist man, wenn man sich korpusbasierte Wortfre-
quenzlisten ansieht. Die folgende Wortliste in Abbildung 8 zeigt die
fünfzig häufigsten Wortformen aus den Textkorpora des IDS. Zu
beachten ist, dass die Mannheimer Wortliste orthografische Wortformen auflistet. Dies führt dazu, dass die Artikel DER und DAS jeweils in einer klein und einer groß geschriebenen Variante auftreten.

1 der	11 für	21 als	31 nach	41 vor
2 die	12 im	22 auch	32 am	42 einem
3 und	13 ist	23 es	33 bei	43 über
4 in	14 auf	24 an	34 wird	44 Das
5 den	15 des	25 aus	35 einer	45 einen
6 von	16 nicht	26 sie	36 um	46 zum
7 zu	17 Die	27 werden	37 wie	47 nur
8 mit	18 dem	28 er	38 daß	48 war
9 das	19 ein	29 hat	39 sind	49 so
10 sich	20 eine	30 Der	40 noch	50 haben

Abbildung 8: Die 50 häufigsten Wortformen in den Textkorpora des IDS

Es fällt auf, dass sich auf dieser Wortliste weder das Wort *Mann*,
noch *Frau*, noch *Kind*, noch eines der anderen erwarteten Wörter
findet – im Gegenteil: Unter den häufigsten 50 Wortformen ist kein
einziges Nomen, kein Adjektiv und, was Verben anbelangt, so findet man lediglich Wortformen der Hilfsverben *haben*, *sein* und
werden. Die häufigsten Formen von Modalverben, Vollverben,
Nomen und Adjektiven sind in (21a-d) aufgeführt. In Klammern
wird der jeweilige Rang in der Wortliste des IDS angegeben.

(21) a. kann (68), soll (83), können (84), will (93)
      b. gibt (104), sagte (113), sagt (130)
      c. Uhr (56), Mark (74), Prozent (77), Jahren (78), Jahr (78), Jahre (95)
      d. neue (116), neuen (121), viel (191)

Der Vollständigkeit halber sei noch erwähnt, auf welchen Rängen
sich die vermeintlich häufigsten Wörter aus (20) finden:

(22) Mann (216), Frau (205), Kind (808), Haus (364), Auto (842), essen
      (4005), trinken (5240), schlafen (6767)

Aufgabe 16: Bitte vergleichen Sie die Wortliste des IDS mit der Wortliste des
Projekts Deutscher Wortschatz in Leipzig. Zu welchem Ergebnis kommen Sie?

Welcher Schluss lässt sich aus dieser Wortliste ziehen? Zum einen
zeigt die Wortliste deutlich, dass Funktionswörter wie Präpositionen, Artikel, Pronomen oder Hilfsverben die häufigsten Wortfor-

men in einer Sprache darstellen. Zum anderen sieht man, dass es sich bei den häufigsten Nomen und Adjektiven um relativ allgemeine Begriffe handelt, bei den Nomen etwa um Maßeinheiten, die Zeit, Geld oder Mengen beschreiben. Funktionswörter führen typischerweise die Frequenzlisten an – und das unabhängig von der Textsorte. Da Funktionswörter den Kitt bilden, der einen Text grammatisch zusammenhält, finden sie sich in jedem Korpus in großer Zahl, wohingegen die Anzahl und Art der Inhaltswörter wie Nomen, Adjektive oder Verben stärker vom Inhalt und der Textsorte abhängt.

Wortlisten können nach unterschiedlichen Kriterien gebildet und geordnet werden. Zum einen gibt es Wortlisten, die wie die Wortliste des IDS Wortform-Types auflistet, andere Wortlisten wiederum fassen die einzelnen Wortformen zu Lemma-Types zusammen. Beide Arten von Listen können alphabetisch, nach Frequenz, nach Wortlänge oder nach dem ersten Auftreten eines Lemmas sortiert werden. Rückläufige Wortlisten, d.h. Wortlisten, die Wörter nach ihrem Wortende ordnen, können dazu dienen, charakteristische Wortendungen wie z.B. *-el* oder *-itis* zu identifizieren.

Aufgabe 17: Bitte erstellen Sie eine alphabetisch geordnete Frequenzliste (Wortform-Types) für den Textausschnitt aus dem Mainzer Zeitungskorpus (vgl. Abbildung 3, Kapitel 3.1).

Enthalten Wortlisten nicht nur Wortform- oder Lemma-Types, sondern auch Angaben zu deren Häufigkeit, so sind neben einer qualitativen Analyse des Wortschatzes (Welche Wörter finden sich überhaupt im Korpus?) auch quantitative Aussagen möglich (Wie häufig sind die einzelnen Wörter? Welche Wörter kommen besonders häufig vor?). Wortlisten mit Angaben zur Frequenz einzelner Lemma- oder Wortform-Types lassen sich vielfältig nutzen.

Frequenzangaben können z.B. dabei helfen, die Schlag- und Schlüsselwörter eines Korpus bzw. der darin enthaltenen Texte zu identifizieren, da diese im Text überdurchschnittlich häufig auftreten. Dies ist insbesondere dann von Interesse, wenn es wie bei der Analyse von Wahlkampfreden oder Werbetexten darum geht, sprachliche Mittel herauszuarbeiten, die der Verfasser einsetzt, um die Adressaten in seinem Sinne zu lenken. Wortlisten mit den häufigsten 500 oder 1.000 Wörtern einer Sprache erlauben es, den Kernwortschatz einer Sprache oder Varietät zu bestimmen. Die so entstandenen Wortlisten können wie der Grundwortschatz Deutsch von Pfeffer (1970) im Fremdsprachenunterricht eingesetzt werden, um den Lernenden zuerst jene Wörter beizubringen, denen sie mit der größten Wahrscheinlichkeit begegnen werden (vgl. Kapitel 1.5). Dass die Intuition eines Sprechers nicht unbedingt zu zuverlässigen Frequenzeinschätzungen führt, zeigte die Wortliste des IDS.

Wortlisten auf der Grundlage von Wortform-Types können zwar relativ leicht erstellt werden, bringen jedoch eine Reihe von Problemen mit sich. So unterscheiden Wortform-basierte Wortlisten wie die des IDS nicht zwischen homographen Wortformen (vgl. das Beispiel *Regen* in Kapitel 3.4). Auch die unterschiedlichen Bedeutungsvarianten eines polysemen Wortes wie *Absatz* können in Wortlisten nicht voneinander getrennt werden (vgl. Kapitel 3.5).

3.8 Zusammenfassung

Korpuslinguistische Beschreibungsebenen wie Textwort, Type und Token müssen von sprachlichen Beschreibungsebenen wie Lexem und Wortform unterschieden werden.

Korpusdaten können sowohl qualitativ als auch quantitativ ausgewertet werden. Beim Vergleich von Daten muss die Korpusgröße berücksichtigt werden.

Verbreitete Verfahren zur Analyse von Korpusdaten sind die Stichwortsuche, das Erstellen von Konkordanzen und Wortlisten sowie die Kollokationsanalyse.

Grundbegriffe: Frequenz, Hapax Legomenon, Kollokation, Konkordanz, KWIC, Normalisierung, Produktivität, qualitative Korpusanalyse, quantitative Korpusanalyse, Textwort, Token, Type, Type-Token-Verhältnis, Wortliste

Weiterführende Literatur
Einen knappen Überblick über methodische Fragen bieten Biber *et al.* (1998, Teil IV). Ausführlich mit der Korpusanalyse befasst sich Kennedy (1998, Kapitel 4), speziell mit quantitativen Analysen McEnery/Wilson (2003[2], Kapitel 3). Kollokationen thematisieren Steyer (2002) und Hausmann (2004), Konkordanzen und Kollokationen Sinclair (1991). Mit der Abgrenzung des Wortes in der Linguistik bzw. Korpuslinguistik befassen sich Meibauer *et al.* (2002, Kapitel 2) und Haß-Zumkehr (2002). Nähere Informationen zu statistischen Verfahren bietet Schlobinski (1996).

4. Arbeiten mit einem eigenen Korpus

4.1 Phasen einer korpusbasierten Untersuchung

Unabhängig davon, mit welcher Motivation man an eine korpusbasierte Analyse herangeht oder welcher Gegenstand erforscht werden soll, gliedert sich eine korpuslinguistische Untersuchung in mehrere Phasen. Ganz zu Beginn des Arbeitsprozesses sollte die Fragestellung, die bearbeitet werden soll, möglichst präzise formuliert werden, da die konkrete Fragestellung das weitere Vorgehen bestimmt. Ist der Untersuchungsgegenstand definiert, muss ein Korpus gefunden bzw. aufgebaut werden, das für die angestrebte Untersuchung geeignet ist. Dazu gehört auch, dass das Korpus für die Auswertung vorbereitet wird. Im nächsten Schritt müssen die Daten, die für die Fragestellung relevant sind, erhoben, d.h. aus dem Korpus herausgesucht werden. Anschließend werden die Daten klassifiziert und im Hinblick auf die Ausgangsfragestellung ausgewertet und interpretiert. Eine Korpusuntersuchung umfasst somit folgende Schritte:

1. Formulierung der Fragestellung (vgl. Kapitel 4.2)
2. Auswahl bzw. Aufbau eines Korpus (vgl. Kapitel 4.3, 4.4)
3. Aufbereitung des Korpus (vgl. Kapitel 4.5)
4. Erhebung der relevanten Daten im Korpus (vgl. Kapitel 4.6)
5. Aufbereitung der Daten (vgl. Kapitel 4.7)
6. Auswertung und Interpretation der Daten (vgl. Kapitel 4.8)

Ist die Fragestellung eingegrenzt, so steht im zweiten Schritt die Entscheidung an, ob man mit einem bereits vorhandenen oder einem eigenen Korpus arbeitet. Entscheidet man sich für ein eigenes Korpus, muss man sich zudem überlegen, ob dieses computerlesbar sein soll oder nicht. Ich werde die einzelnen Phasen einer Korpusuntersuchung im Folgenden am Beispiel des Mainzer Zeitungskorpus erläutern, einem Papierkorpus, das ich im Rahmen einer diachronen Untersuchung zur Wortbildung des Deutschen erstellt habe. Auf die Besonderheiten, die sich bei der Erstellung eines elektronischen Korpus ergeben, gehe ich am Ende des Abschnitts in Kapitel 4.9 ein. Die Arbeit mit bestehenden Korpora wird Thema im fünften und letzten Abschnitt dieses Buches sein.

Prinzipiell werden die oben genannten sechs Phasen jedoch bei jeder Korpusuntersuchung durchlaufen, unabhängig davon, ob das verwendete Korpus selbst erstellt ist oder nicht, ob es computerlesbar ist oder nicht. Bei der Arbeit mit einem bereits annotierten Korpus erübrigt sich in der Regel der dritte Schritt, die Aufbereitung des Korpus. Sind in einem Korpus alle für die Auswertung benötigten Informationen kodiert, so kann auch der fünfte Schritt, die Aufbereitung der Daten, entfallen.

4.2 Formulierung der Fragestellung

Am Anfang einer korpuslinguistischen Analyse steht häufig eine recht vage Vorstellung davon, was untersucht werden soll, etwa die Sprache der Bochumer Stadtverwaltung (Blaha *et al.* 2001), die Schreibkonventionen im Chat (Burri 2003), Fremdwörter im Deutschen (O'Halloran 2002, Schanke 2001) oder der Wandel in der Wortbildung (Scherer 2005). Diese anfangs noch vage Idee sollte jedoch vor der Auswahl bzw. dem Aufbau eines Korpus konkretisiert werden.

Folgende Fragen sollte man sich dabei stellen: Was genau soll untersucht werden? In welcher Varietät soll es untersucht werden? Welche sprachlichen Einheiten oder Strukturen sind für die Fragestellung relevant? Soll die Untersuchung quantitativ oder qualitativ erfolgen? Welcher Zeitraum soll erfasst werden? Soll dieser synchron oder diachron untersucht werden? Die Antwort auf diese Fragen hat entscheidenden Einfluss auf Art, Inhalt und Größe des zu erstellenden Korpus.

Gehen wir die einzelnen Punkte nun am Beispiel meiner Untersuchung zum Wortbildungswandel durch. Gegenstand der Studie sollte die Frage sein, ob und wie sich die Möglichkeiten der Wortbildung im Verlauf der Jahrhunderte verändern. Dazu habe ich die Fragestellung wie folgt konkretisiert: Die Untersuchung sollte exemplarisch anhand eines geeigneten Wortbildungsmusters erfolgen. Den Untersuchungszeitraum grenzte ich auf das Neuhochdeutsche ein und legte die Zeitungssprache als zu erfassende Varietät fest.

Was die Auswahl eines geeigneten Wortbildungsmusters betrifft, so habe ich mich für die nominale *-er*-Derivation entschieden, die mithilfe des Suffixes *-er* Nomen wie *Lehrer*, *Schüler* und *Lacher* aus den Basiswörtern *lehren*, *lachen* und *Schule* ableitet. Für die Wahl dieses Wortbildungsmusters waren mehrere Überlegungen ausschlaggebend: Zum einen ist die nominale *-er*-Derivation im Deutschen seit Jahrhunderten weit verbreitet, weshalb sich das Wortbildungsmuster gut für eine langfristige Korpusstudie eignet.

Der zweite Grund für die Wahl war die Vielfältigkeit des Wortbildungsmusters. Nominale -er-Derivate unterscheiden sich nämlich hinsichtlich der Bedeutung des Derivats sowie im Hinblick auf die Wortart und die morphologische Komplexität ihrer Basis. Nominale -er-Derivate können sowohl Personen als auch Objekte bezeichnen (vgl. 23). Was die Ableitungsbasis betrifft, so sind sowohl Verben als auch Nomen möglich (vgl. 24). Zudem können die Basen morphologisch einfach oder komplex sein (vgl. 25).

(23) a. Personen: Bäcker, Fußballer, Hochschüler, Schäfer
     b. Objekte: Benziner, Eiskratzer, Fernseher, Stecker
(24) a. verbale Basen: Bäcker, Eiskratzer, Fernseher, Stecker
     b. nominale Basis: Benziner, Fußballer, Hochschüler, Schäfer
(25) a. einfache Basen: Bäcker, Benziner, Schäfer, Stecker
     b. komplexe Basen: Eiskratzer, Fernseher, Fußballer, Hochschüler

Informationen zu diesen drei Merkmalen der Derivate sollten in einem geeigneten Korpus erhoben und analysiert werden.

Aufgabe 18: Rekapitulieren Sie die Fragestellungen, die den Untersuchungen von Blaha *et al.* (2001), O'Halloran (2002) sowie Steyer (2002) zugrunde liegen. Verwenden Sie dazu die Informationen aus den Kapiteln 1.5, 3.2 und 3.6.

4.3 Eigenes Korpus – ja oder nein?

Um eine Fragestellung mithilfe eines eigenen Korpus zu untersuchen, muss man weder ein elektronisches Korpus noch ein Korpus mit mehreren Millionen Textwörtern aufbauen. Oft kann bereits ein Papierkorpus mit einigen Tausend Textwörtern Aufschluss über bestimmte Phänomene geben. Die Aussagekraft einer Studie hängt weder von der Größe noch von der Computerlesbarkeit eines Korpus ab, sondern vielmehr davon, wie man mit Korpusdaten umgeht und welche Schlüsse man daraus zieht.

Um sich die Dimensionen zu verdeutlichen, sei hier erwähnt, dass das erste Kapitel dieses Buches (Korpuslinguistik – was ist das?) insgesamt 4.744 Textwörter auf 15 Textseiten umfasst und dass das komplette Buch (ohne Inhaltsverzeichnis und Vorwort) 30.371 Textwörter auf 98 Textseiten enthält. Bei einer überregionalen Tageszeitung wie *Die Welt* finden sich hingegen zwischen 1.500 und 3.000 Textwörtern auf einer Seite, je nachdem wie hoch der Anteil an Bildern und Werbeanzeigen ist. Bei einem durchschnittlichen Umfang von 40 Seiten macht das etwa 65.000 bis 70.000 Textwörter je Ausgabe. Dies entspricht in etwa der Größe des Korpus, das Grote/Schütte (2000) für ihre Untersuchung des Computerwortschatzes genutzt haben. Ein Korpus, das 200.000 Textwörter umfasst, entspricht somit etwa dem Umfang von drei Ausgaben einer großen Zeitung. Wenn man sich diese Dimensionen vor Augen hält, ist der Aufbau eines eigenen Korpus mit mehreren Tausend Wörtern für eine Haus- oder Examensarbeit also durchaus zu bewältigen.

Dennoch bedeutet das Erstellen eines Korpus einiges an Arbeit. Deshalb sollte man auch, bevor man sich daran macht, ein eigenes Korpus zu erheben, ernsthaft mögliche Alternativen prüfen. Existiert vielleicht ein öffentlich zugängliches Korpus, das für die Untersuchung der Fragestellung geeignet ist? Hier lohnt sich ein Blick in den fünften Abschnitt, wo verschiedene Korpora des Deutschen, das DWDS-Kernkorpus, die IDS-Korpora und das TIGER-Korpus, vorgestellt werden. Zudem findet sich eine Liste deutschsprachiger Korpora, die zumeist öffentlich zugänglich und für wissenschaftliche Zwecke kostenlos verfügbar sind, im Informationsteil am Ende des Buches.

Kommt man zu dem Schluss, dass keines der existierenden Korpora für die angestrebte Untersuchung geeignet ist, sollte man überlegen, ob man eines oder mehrere Teilkorpora aus einem bestehenden Korpus nutzen kann. Das IDS bietet z.B. die Möglichkeit, auf der Grundlage seines Datenbestands eigene Korpora zu definieren. Hier sollte man auf alle Fälle zu prüfen, ob sich das benötigte Korpus aus den Korpora und Texten des IDS zusammenstellen lässt (vgl. Kapitel 5.3).

Obwohl es inzwischen eine Vielzahl an Korpora zum Deutschen gibt, ist es aber immer noch so, dass für bestimmte Varietäten wie Dialekte, Jugendsprache, Fachsprachen oder ältere Sprachstufen keine oder kaum frei zugängliche Korpora verfügbar sind. Selbst wenn entsprechende Korpora zugänglich sind, sind diese nicht zwangsläufig für die eigene Untersuchung geeignet. Um beispielsweise den Sprachgebrauch von Männern und Frauen zu untersuchen, kann man nicht ohne Weiteres ein beliebiges Korpus des IDS verwenden, da bei den meisten der IDS-Korpora nicht angegeben ist, ob die Texte von Frauen oder Männern stammen. Ausnahmen bilden hier natürlich die Autorenkorpora wie das Marx-Engels-Korpus oder das Thomas-Mann-Korpus.

Aber auch für eine Untersuchung, die einen größeren Zeitraum umfassen soll, lässt sich kaum ein geeignetes Korpus finden. Diese Erfahrung machte ich im Rahmen meines Forschungsprojekts zum Wortbildungswandel. Drei Dinge zeigten sich relativ schnell: Zum einen deckt keines der existierenden Korpora die gesamte neuhochdeutsche Periode ab. Zum anderen enthalten zwar viele Korpora Zeitungstexte, diese stammen aber in aller Regel aus dem späten 20. und frühen 21. Jahrhundert. Schließlich stellte ich fest, dass für die Zeit vor 1800 insgesamt kaum computerlesbare Texte vorhanden sind. Je nach Untersuchungsgegenstand kann also die Prüfung der Alternativen – ein existierendes Korpus bzw. Teile daraus zu nutzen – zu dem Schluss führen, dass es sinnvoller, teilweise sogar notwendig ist, mit einem eigenen Korpus zu arbeiten.

4.4 Ein eigenes Korpus erstellen

Hat man sich dafür entschieden, ein eigenes Korpus aufzubauen, ist es wichtig, sich vorab die grundlegenden Merkmale eines Korpus zu vergegenwärtigen: Ein Korpus ist eine Sammlung von Texten oder Textteilen, die zu einem bestimmten Zweck nach vorab festgelegten sprachwissenschaftlichen Kriterien zusammengestellt wird. Die wichtigsten Kriterien für den Aufbau eines Korpus sind dessen Größe, Inhalt, Beständigkeit und Repräsentativität (vgl. Kapitel 1.3, 1.4). Daneben gibt es aber noch weitere Faktoren, die man beim Aufbau eines Korpus berücksichtigen muss, die limitierenden Faktoren Zeit, Geld, Arbeitskraft. Dies bedeutet, dass der Aufbau eines Korpus in der Regel davon gekennzeichnet ist, dass man versuchen muss, mit gegebenen Mitteln ein Korpus zu erstellen, das möglichst gut für die eigene Untersuchung geeignet ist. Wie aber sieht solch ein Korpus aus? Die Antwort lautet, es hängt von der Fragestellung ab, die untersucht werden soll.

Welche Überlegungen den Aufbau eines Korpus beeinflussen können, möchte ich am Beispiel des Mainzer Zeitungskorpus erläutern. Aufgebaut wurde das Mainzer Zeitungskorpus, um den Wortbildungswandel im Deutschen zu erforschen, die genaue Fragestellung wurde in Kapitel 4.2 dargestellt. Das Korpus umfasst rund 1,031 Millionen Textwörter in neun Teilkorpora aus den Jahren 1609, 1650, 1700, 1750, 1800, 1850, 1900, 1950 und 2000, deren Größe im einzelnen zwischen 98.000 und 150.000 Textwörtern schwankt. Enthalten sind vollständige Exemplare überregionaler Zeitungen, die zum jeweiligen Zeitpunkt von besonderer politischer und gesellschaftlicher Bedeutung waren.

Welche Überlegungen führten zu diesem Ergebnis? Die berücksichtigte Zeitspanne (1609-2000) ergab sich aus dem Zusammenspiel zweier außerlinguistischer Faktoren. Unabhängig davon, auf wann man den Beginn des Neuhochdeutschen datiert, auf die Zeit der Reformation, früher oder später, Tatsache ist, dass die ersten deutschsprachigen Zeitungen, der Wolfenbütteler *Aviso* und die Straßburger *Relation*, im Jahr 1609 erschienen. Damit stand das Jahr 1609 als frühestmöglicher Zeitpunkt für die Materialerhebung fest. Der Endzeitpunkt der Erhebung, das Jahr 2000, fällt hingegen mit dem Zeitpunkt zusammen, an dem das Korpus erstellt wurde.

Die Anzahl und Größe der Teilkorpora ist der Versuch, trotz beschränkter Mittel eine diachrone Untersuchung zu ermöglichen. Die vorhandenen Mittel waren ausreichend, um ein Korpus mit einem Umfang von etwa einer Million Textwörtern zu realisieren. Um nicht nur einen Anfangs- und Endzustand miteinander zu vergleichen, sondern die sprachlichen Veränderungen über den gesamten Zeitraum von knapp 400 Jahren beobachten zu können, sollten mehrere Teilkorpora gebildet werden. Da der Gesamtumfang des Korpus feststand, musste ich mich zwischen zwei Alternativen entscheiden: entweder eine größere Anzahl an Teilkorpora mit geringerer Textwortzahl zu erheben oder weniger Teilkorpora, dafür aber mit einem jeweils größerem Umfang, zu bilden. Da ich den Sprachwandelprozess möglichst detailliert erfassen wollte, räumte ich der Anzahl der Teilkorpora den Vorrang vor der Größe der Teilkorpora ein.

Im Hinblick auf die verfügbaren Mittel verzichtete ich darauf, eine computerlesbare Version des Korpus zu erstellen. Für diese Entscheidung gab es mehrere Gründe: Zum einen waren die meisten Zeitungen in Frakturschrift gedruckt, was ein Einscannen der Texte erschwert oder gar unmöglich gemacht hätte. Zum anderen wurde schnell deutlich, dass der Aufwand, den Scannen bzw. Abtippen und das Korrigieren der Textdatei erfordert hätten, den Nutzen eines computerlesbaren Korpus bei Weitem überschritten hätte. Zumal eine Suchabfrage nach dem Suffix *-er* in einem nicht aufbereiteten elektronischen Korpus zu Tausenden von irrelevanten Treffern wie *er*, *der*, *kleiner*, *Vater*, *Mutter* usw. führen würde, die aussortiert werden müssten (vgl. Kapitel 4.9).

Im Vergleich mit dem DWDS-Kernkorpus, das für 100 Jahre rund 100 Millionen Textwörter umfasst, ist das Mainzer Zeitungskorpus relativ klein. Dennoch bildet es mit insgesamt 8.996 Belegen eine solide Grundlage für eine diachrone Untersuchung der nominalen *-er*-Derivation. Wichtig bei der Erstellung eines eigenen Korpus ist also, sich darüber im Klaren zu sein, welche Funktion das eigene Korpus erfüllen soll und wo dessen Stärken und Schwächen liegen. Solange die Möglichkeiten und Grenzen des eigenen

Korpus benannt und bei der Interpretation der Korpusdaten berücksichtigt werden, kann selbst die Arbeit mit einem suboptimalen Korpus zu fundierten Ergebnissen führen.

4.5 Annotation – die Aufbereitung des Korpus

Um Korpusdaten analysieren zu können, müssen die Daten für die Auswertung vorbereitet werden. Je nach Art der Untersuchung wird dabei entweder eine **Korpusannotation** oder eine Belegklassifikation vorgenommen. Im Fall der Korpusannotation wird vorab das gesamte Korpus annotiert, im Fall der Belegklassifikation wird wie z.B. beim Mainzer Zeitungskorpus nach der Erhebung der Daten nur jener Teil der Textwörter klassifiziert, der für die Fragestellung relevant ist (vgl. Kapitel 4.7).

Unabhängig davon, welche Art der Untersuchung man anstrebt, können annotierte Korpora das Auffinden der benötigten Informationen deutlich erleichtern, da annotierte Korpora neben dem reinen Text zusätzliche, über die Primärdaten hinausgehende Informationen grammatischer, struktureller oder inhaltlicher Art enthalten. Die Annotation macht also Informationen, die in einem Korpus implizit vorhanden sind, leichter zugänglich, indem sie sie explizit kodiert. Die Annotation auf Wortebene wird nach dem englischen *to tag* 'mit einem Etikett versehen' als **Tagging** bezeichnet. Die Annotation auf Satzebene setzt eine Satzanalyse voraus, die nach dem englischen *to parse* 'syntaktisch analysieren' **Parsing** genannt wird. Entsprechend spricht man von getaggten bzw. geparsten Korpora.

Soll ein Korpus auf Wort- oder auf Satzebene annotiert werden, so bildet die Identifizierung der Lemma-Types eine wichtige Voraussetzung. Der Vorgang, bei dem die einzelnen Textwörter in einem Korpus dem jeweiligen Lemma-Type zugeordnet werden, nennt sich **Lemmatisierung**. Ohne vorherige Lemmatisierung ist es etwa nicht möglich, die Flexionsmerkmale oder die syntaktische Funktion eines Textwortes zu bestimmen.

Die häufigste Form der Annotation ist das so genannte Wortart-Tagging. Hierbei wird jedes Textwort mit einer Markierung, einem so genannten Tag (von engl. *tag* 'Etikett') versehen, das seine Wortart angibt. Ich möchte das kurz an den Beispielen in (26) und (27) verdeutlichen.

(26) Sie sind mit dem Zug gefahren.

(27) Sie_PER sind_VER-AUX mit_PRP dem_ART-DEF Zug_SUB gefahren_VER.

Während in (26) lediglich die Primärdaten, d.h. die Textwörter eines Satzes, dargestellt sind, ist in (27) jedes Textwort mit einem Tag versehen, das seine Wortart anzeigt, wobei die Tags PER, VER-AUX, PRP, ART-DEF, SUB und VER im einzelnen für die Wortarten Personalpronomen, Hilfsverb, Präposition, definiter Artikel, Nomen und Vollverb stehen. Die Gesamtheit aller Tags, die für die Annotation verwendet werden, nennt sich **Tagset**. Die in (27) und im Folgenden benutzten Tags stammen aus dem Morphy-Tagset von Wolfgang Lezius (vgl. Kapitel 4.9).

Ähnlich wie die Wortartmarkierungen können auch Informationen zur Flexion in Form von Tags eingefügt werden. In (26) trägt *Zug* die Flexionsmerkmale Dativ und Singular, nicht an der Wortform erkennbar ist hingegen das inhärente maskuline Genus von *Zug*. Bei der Annotation würde das Textwort *Zug* entsprechend neben dem Tag für die Wortart ein zusätzliches Tag für Genus (MAS), Kasus (DAT) und Numerus (SIN) erhalten (vgl. 28).

(28) Zug_SUB_MAS_DAT_SIN

Auf der Ebene des Wortes können aber auch eine Vielzahl anderer Informationen annotiert werden, etwa Informationen zur morphologischen Struktur bei Wortbildungsprodukten, semantische Informationen zur Bedeutung oder zu Bedeutungsmerkmalen von Wörtern, prosodische Informationen zum Wortakzent oder pragmatische Informationen zu Anaphern oder Verwendungskontexten.

Auf Satzebene werden vor allem Informationen zur Syntax wie phrasale Kategorien oder syntaktische Funktionen annotiert. Prinzipiell können auf Satzebene aber ebenso wie auf Wortebene prosodische, semantische oder pragmatische Merkmale kodiert werden, etwa Satzakzente, Intonationsmuster, semantische Rollen, Thema-Rhema-Beziehungen oder Sprechaktkategorien (vgl. Kapitel 2.6).

Die Annotation eines Papierkorpus erfolgt prinzipiell von Hand. Computerlesbare Korpora hingegen können sowohl manuell als auch maschinell annotiert werden (vgl. Kapitel 4.9).

Aufgabe 19: Bitte nehmen Sie für folgende Sätze eine manuelle Lemmatisierung vor.
a. Die Katze hat viele Mäuse gefangen.
b. Er war mit seinen Freunden in der Oper.
c. Bist du gestern nach dem Kino bei Claudia gewesen?
Aufgabe 20: Bitte nehmen Sie für die Sätze a-c aus Aufgabe 19 ein grammatisches Tagging vor. Bestimmen und taggen Sie die Wortarten sowie die Flexionsmerkmale. Benutzen Sie dazu folgende Tags aus dem Morphy-Tagset:
Wortarten: Adjektiv (ADJ), Adverb (ADV), definiter Artikel (ART-DEF), Hilfsverb (VER-AUX), indefiniter Artikel (ART-IND), Nomen (SUB), Präpo-

sition (PRP), Personalpronomen (PER), Possessivpronomen (POS), Vollverb (VER)
Genus: Femininum (FEM), Maskulinum (MAS), Neutrum (NEU)
Numerus: Plural (PLU), Singular (SIN)
Kasus: Akkusativ (AKK), Dativ (DAT), Genitiv (GEN), Nominativ (NOM)
Person: 1. Person (1), 2. Person (2), 3. Person (3)
infinite Verbformen: Infinitiv (INF), Partizip Perfekt (PA2)

4.6 Datenerhebung – Belege suchen, exzerpieren und zuordnen

Sind die Texte für das eigene Korpus ausgewählt und liegen in Form von Kopien oder Textdateien vor, kann die eigentliche Korpusuntersuchung beginnen. Der erste Schritt ist dabei die Erhebung der Daten, die für die formulierte Fragestellung relevant sind. In diesem Schritt werden die benötigten Tokens, die häufig auch als **Belege** bezeichnet werden, aus dem Korpus herausgesucht, aufbereitet und einem Type zugeordnet. In einem computerlesbaren Korpus kann diese Suche automatisiert werden (vgl. Kapitel 4.9).

Die Suche nach den relevanten Tokens in einem Papierkorpus bedeutet, dass jeder einzelne Beleg, der für die untersuchte Fragestellung einschlägig ist, durch sorgfältiges Lesen ausfindig gemacht werden muss. Zusätzlich muss jeder gefundene Beleg manuell für die weitere Auswertung aufbereitet werden. Dies geschieht dadurch, dass das gefundene Token im Text markiert wird und die benötigten Informationen exzerpiert werden. An dieser Stelle ist es sinnvoll zu wissen, welche Informationen für die weitere Untersuchung benötigt werden, damit nicht später vergessene Informationen nachgetragen werden müssen. Neben dem Beleg selbst ist in den meisten Fällen der Kontext wichtig, in dem er steht. Beides, Beleg und Kontext, wird originalgetreu, d.h. mit allen Flexionsmerkmalen und orthografischen Besonderheiten, aus dem Korpus extrahiert. Zudem sollte jeder Beleg mit Angaben über die Fundstelle, also etwa mit Texttitel, Seitenzahl sowie eventuell Zeilen- und/oder Spaltenzahl, versehen werden, damit der Beleg bei Bedarf im Originaltext wiedergefunden werden kann. Sind Beleg, Kontext und Quellenangaben ermittelt, so wird das Token im Hinblick auf den zugehörigen Type klassifiziert.

Die gesammelten Informationen werden anschließend auf Karteikarten übertragen, die nach bestimmten Kriterien sortiert werden können. Als Alternative zu Karteikarten bietet es sich an, die benötigten Informationen in einer Datei zu erfassen. Die Nutzung einer

Datei hat gegenüber der Verzettelung mit Karteikarten den Vorteil, dass eine Suche in den exzerpierten Daten erfolgen kann. Bei großen Datenmengen ist es sinnvoll, die Informationen in einer Datenbank zu verwalten, zumal die meisten Datenbankprogramme es auch unerfahrenen Benutzern ermöglichen, einfache Sortierungen und Abfragen vorzunehmen.

Betrachten wir den Ablauf einer Datenerhebung nun an einem konkreten Beispiel. Abbildung 9 zeigt einen Ausschnitt aus einem Teilkorpus des Mainzer Zeitungskorpus.

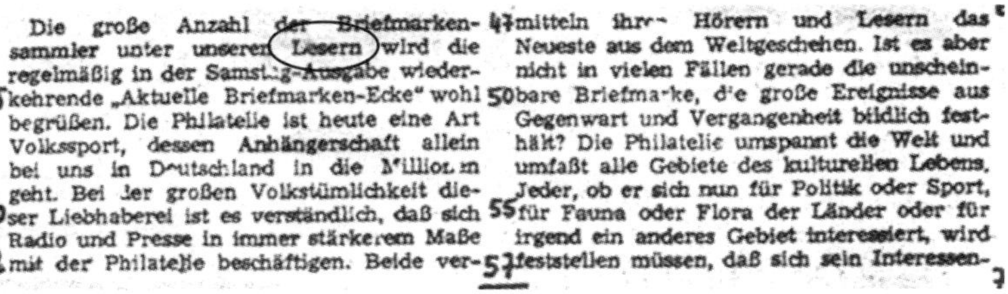

Die große Anzahl der Briefmarken-sammler unter unseren Lesern wird die regelmäßig in der Samstag-Ausgabe wieder-55 kehrende „Aktuelle Briefmarken-Ecke" wohl begrüßen. Die Philatelie ist heute eine Art Volkssport, dessen Anhängerschaft allein bei uns in Deutschland in die Million geht. Bei der großen Volkstümlichkeit die-60 ser Liebhaberei ist es verständlich, daß sich Radio und Presse in immer stärkerem Maße 62 mit der Philatelie beschäftigen. Beide ver- 47 mitteln ihren Hörern und Lesern das Neueste aus dem Weltgeschehen. Ist es aber nicht in vielen Fällen gerade die unschein-50 bare Briefmarke, die große Ereignisse aus Gegenwart und Vergangenheit bildlich fest-hält? Die Philatelie umspannt die Welt und umfaßt alle Gebiete des kulturellen Lebens. Jeder, ob er sich nun für Politik oder Sport, 55 für Fauna oder Flora der Länder oder für irgend ein anderes Gebiet interessiert, wird 53 feststellen müssen, daß sich sein Interessen-

Abbildung 9: Mainzer Zeitungskorpus: Teilkorpus 1950 *FAZ* (Ausschnitt)

Konkret stammt der Textausschnitt aus der Ausgabe Nr. 18 der *Frankfurter Allgemeinen Zeitung* vom 21.1.1950 und dort aus den ersten beiden Spalten von Seite 8. Wie man sieht, sind die Zeilen in den einzelnen Spalten zur besseren Orientierung manuell durchnummeriert. In diesem Textausschnitt finden sich insgesamt vier Belege, die für meine Fragestellung, die Untersuchung nominaler -er-Derivate, relevant waren:

(29) a. Briefmarkensammler (Spalte 1, Zeile 52/53)
      b. Lesern (Spalte 1, Zeile 53)
      c. Hörern (Spalte 2, Zeile 47)
      d. Lesern (Spalte 2, Zeile 47)

Für die weitere Verarbeitung wurden neben der belegten Wortform auch der unmittelbare Kontext sowie verschiedene Angaben zum Fundort exzerpiert. Die Textinformationen umfassen die Jahreszahl, die Nummer und eventuelle Zusätze der Zeitungsausgabe wie "Extrablatt". Zum schnellen Wiederfinden des Belegs wurden neben der Seitenzahl auch die Zeilen- und Spaltenzahl erfasst. Zudem wurde der entsprechende Beleg im Originaltext farbig markiert.

Anschließend wurden alle Belege mitsamt Kontext und den Informationen zur Fundstelle in einer Datenbank erfasst. Zusätzlich wurden die Belege den entsprechenden Types zugeordnet, d.h. lemmatisiert. Abbildung 10 zeigt den Datensatz, der für den in Abbildung 9 markierten Beleg *Lesern* in der Erfassungsdatenbank des Mainzer Zeitungskorpus erstellt wurde.

Beleg	Lesern			Lemma	*LESER*	

Quellen-angaben	Schnitt	Ausgabe	Zusatz	Seite	Zeile	Spalte
	1950	18		8	53	1

Kontext

Die große Anzahl der Briefmarkensammler unter unseren **Lesern** wird die regelmäßig in der Samstag-Ausgabe wiederkehrende "Aktuelle Briefmarken-Ecke" wohl begrüßen.

Anmerkungen	Datum
	22.01.2001

Abbildung 10: Datensatz für den Beleg *Lesern* (vgl. Abbildung 9)

In der ersten Zeile der Datenmaske findet sich das konkrete Token *Lesern* sowie die Angabe des zugehörigen Lemma-Types *LESER*. In der zweiten Datenzeile stehen die Quellenangaben: Der Beleg *Lesern* stammt aus dem Teilkorpus des Jahres 1950, genauer aus der 18. Ausgabe. Dort findet er sich auf Seite 8, in der 53. Zeile der ersten Spalte. Im dritten Block wurde der unmittelbare Kontext erfasst, in dem der Beleg steht. Hier geht es um einen speziellen Teil der Leserschaft, nämlich jene Leser, die gleichzeitig Briefmarkensammler sind. Schließlich sind in der Erfassungsmaske noch ein Feld für Anmerkungen und das Datum der Eingabe vorgesehen.

Abbildung 11 zeigt einen Ausschnitt aus der Tabelle, in der sämtliche Belege des Mainzer Zeitungskorpus hinterlegt sind. Hier findet sich neben den oben bereits genannten Informationen bei jedem Beleg auch eine Belegnummer, die es ermöglicht, einzelne Belege zu identifizieren. Der Beleg *Lesern* aus Abbildung 9 ist mit einem kleinen Pfeil markiert.

ID_Beleg	Beleg	Lemma	Jahr	Ausgabe	Zusatz	Seite	Zeile	Spalte
11523	Vertreter	Vertreter (P)	1950	18		7	11	5
11524	Leiter	Leiter (P)	1950	18		7	27/28	5
11527	Bundes-Anzeiger	Bundesanzeiger	1950	18		7	135	5
11528	Briefmarkensammler	Briefmarkensammler	1950	18		8	52/53	1
11529	Lesern	Leser	1950	18		8	53	1
11531	Briefmarkensammler-Weihnachtsm	Briefmarkensammler	1950	18		8	64	1
11534	Geschäftsführer	Geschäftsführer	1950	18		8	40	2
11535	Hörern	Hörer (P)	1950	18		8	47	2
11536	Lesern	Leser	1950	18		8	47	2
11538	Anhänger	Anhänger (P)	1950	18		8	56	3

Datensatz: |◄ ◄ 144 ► ►| ►* von 8996

Abbildung 11: Belegdatenbank des Mainzer Zeitungskorpus (Ausschnitt)

Aufgabe 21: Ermitteln Sie alle Belege für nominale -*er*-Derivate aus folgenden Sätzen aus dem Mainzer Zeitungskorpus. Ordnen Sie den einzelnen Tokens den jeweiligen Type zu. Welche Probleme ergeben sich bei der Zuordnung?

a. Sambstags hat der Babst etlich schreiben / in Teutschland / an Keys. M. Jhr Durchl. zu Greetz / Bayern und andere catholische Fürsten abgehen lassen /

sich den Protestirenden und andern Anhengern zu wiedersetzen (Teilkorpus 1609, Ausgabe 30, Seite 7, Zeile 11).

b. wie sie dann verschidene Personen wegen dero Spillen und Fluchen ergriffen / da dann die Spiller nach dem Zuchthause / die andere aber mit Geld gestraft (Teilkorpus 1700, Ausgabe 42, Extrablatt, Seite 5, Zeile 19).

c. Der Unternehmer zeigte sich bei dieser Gelegenheit abermals nicht nur als einen der geübtesten Orgelspieler, sondern auch als einen vorzüglichen Componisten. (Teilkorpus 1850, Ausgabe 220, 2. Beilage, Seite 2, Spalte 1, Zeile 65)

d. Vorläufig kommen vier moderne Omnibusse zum Einsatz, die bei Bedarf mit Anhänger versehen werden. (Teilkorpus 1950, Ausgabe 18, Seite 11, Spalte 3, Zeile 116)

4.7 Klassifikation – die Aufbereitung von Daten

Bei der Klassifikation von Belegen in einem Papierkorpus handelt es sich streng genommen ebenfalls um eine Form der Annotation. Im Gegensatz zum Taggen oder Parsen eines ganzen Korpus werden dabei aber nicht alle Textwörter eines Korpus kodiert, sondern nur die extrahierten Tokens, d.h. jene Textwörter oder anderen sprachlichen Einheiten, die im Hinblick auf die bearbeitete Fragestellung relevant sind.

Wie bei der Annotation eines Korpus ist es auch bei der Klassifizierung von Belegen notwendig, jeweils den zum Token gehörigen Type zu identifizieren. Im einfachsten Fall, nämlich dann wenn im Rahmen der Untersuchung Wortformen exzerpiert werden, findet eine Lemmatisierung statt: Die Belege können wie im Fall von *Lesern* in Abbildung 10 einzelnen Lemma-Types – hier dem Lemma LESER – zugeordnet werden. Werden jedoch sprachliche Einheiten wie *wegen*-Phrasen oder *weil*-Nebensätze untersucht, die größer als Wörter sind, so handelt es sich bei dem zugeordneten Types entsprechend um Phrasen- oder Satz-Types (vgl. Kapitel 3.1). Ist die Zuordnung der Belege zu den Types abgeschlossen, kann die weitere Klassifikation der Belege erfolgen. Dabei kann im Prinzip jede Art von Information kodiert werden, die auch bei der Annotation eines Korpus möglich ist, auf der Wortebene also etwa Informationen zu Wortart, Flexion, Bedeutung, auf der Satzebene z.B. syntaktische Kategorien, syntaktische Funktionen oder semantische Rollen (vgl. Kapitel 4.5).

Der große Vorteil der **Belegklassifikation** gegenüber der Korpusannotation ist, dass sie bei manueller Annotation deutlich weniger arbeitsaufwändig ist, und das aus mehreren Gründen: Zum einen werden, wie oben erwähnt, bei der Klassifikation von Belegen nur jene sprachlichen Einheiten berücksichtigt, die für den weiteren Verlauf der Untersuchung relevant sind. Dies bedeutet, dass die Anzahl der zu kodierenden Einheiten deutlich geringer ist. Zum anderen wird bei der Korpusannotation jedes Textwort mit sämtlichen Lemma-Informationen versehen. Wenn in einem Korpus also mehrere Textwörter vorkommen, die zum selben Lemma-Type gehören wie *ZUG* in (30), so werden an jedem der Textwörter die Lemma-Informationen erneut kodiert:

(30) Sie sind mit dem Zug_*ZUG*_SUB_MAS_DAT_SIN gefahren. Im Gegensatz zu allen anderen Zügen_*ZUG*_SUB_MAS_DAT_PLU kam ihr Zug_*ZUG*_SUB_MAS_NOM_SIN aber mit Verspätung an.

Neben der Angabe des Lemma-Types *ZUG* wird in (30) auch dessen Wortart und Genus an allen drei Tokens (*Zug, Zügen, Zug*) markiert. Diese Mehrfachkodierung von Merkmalen des Lemma-Types – oder allgemeiner des Types – kann man bei der Klassifizierung von Belegen vermeiden, indem man die Kodierung von Types und Tokens voneinander unabhängig vornimmt. Bei der getrennten Klassifikation von Types und Tokens werden für die einzelnen Belege nur die Detailinformationen zum Beleg sowie die Angabe des Lemmas erfasst (vgl. Kapitel 4.6). Sämtliche Informationen zum Type, die für alle zugehörigen Tokens gleichermaßen gelten, werden gesondert verwaltet. Diese getrennte Behandlung von Types und Tokens erleichtert bei quantitativen Analysen auch die Ermittlung von Type- und Tokenfrequenzen (vgl. Kapitel 4.8).

Arbeitet man mit Karteikärtchen, empfiehlt es sich, Karten in zwei unterschiedlichen Farben zu verwenden: auf weißen Karten erfasst man z.B. die Informationen zum Einzelbeleg, auf gelben Karten die Informationen zum Type. Anschließend kann man die Belegkarten den einzelnen Types zuordnen. Alternativ kann man wie ich bei der Klassifizierung der Belege mit einem Datenbankprogramm arbeiten.

Wenden wir uns nun der Klassifikation der Belege aus dem Mainzer Zeitungskorpus zu. In einem ersten Schritt wurde für die einzelnen Belege der entsprechende Lemma-Type ermittelt. Der Beleg *Briefmarkensammler* in (29a) wurde dem Lemma *BRIEF-MARKENSAMMLER* zugeordnet, der Beleg *Lesern* in (29b) dem Lemma *LESER*. Bei der anschließenden Klassifizierung der Types wurden genau jene Merkmale kodiert, die für die untersuchte Fragestellung relevant waren: die Bedeutung des -*er*-Derivats, was einer semantischen Annotation auf Wortebene entspricht, sowie die Wortart und die morphologische Struktur der Basis (vgl. Kapitel

4.2). Die Kodierung dieser beiden Basismerkmale entspricht einer syntaktischen bzw. morphologischen Annotation, die jedoch nicht auf der Ebene des Derivats, d.h. des Wortes, sondern auf der Ebene der Wortbildungsbasis, d.h. eines Wortbestandteils erfolgt. Aus diesem Grund war es notwendig, vor der Klassifizierung der Types eine Strukturanalyse der einzelnen Derivate vorzunehmen.

Für jeden Type wurden diese Informationen in einem separaten Datensatz gesammelt. Abbildung 12 stellt den Datensatz für den Type *LESER* dar.

Lemma	*LESER*		
Basis	les	**Morpheme**	les+er
Klassi-fizierung	**Bedeutung** Person	**Basis Wortart** Verb	**Basis Komplexität** einfach

Abbildung 12: Datensatz für den Lemma-Type *LESER*

Die erste Zeile der Maske zeigt das Lemma an. In der zweiten Zeile findet die Strukturanalyse statt, bei der das Lemma *LESER* in eine Basis *les* und ein Suffix *-er* gegliedert wird. Erst in der dritten Zeile erfolgt die eigentliche Klassifizierung des Lemmas. Was die Bedeutung von *LESER* betrifft, so kann ganz grob gesagt werden, dass es sich dabei um eine Personenbezeichnung handelt. Als Basis dient ein Verb, genauer ein Verbstamm, der aus einem einzigen Morphem besteht, d.h. morphologisch einfach ist.

Lemma	*LESER*				
Basis	les		**Morpheme**	les+er	
Klassi-fizierung	**Bedeutung** Person		**Basis Wortart** Verb	**Basis Komplexität** einfach	
Beleg	Lesern		Lemma	*LESER*	
Quellen-angaben	**Schnitt** 1950	**Ausgabe** 18	**Zusatz**	**Seite** 8	**Zeile** 53	**Spalte** 1
Kontext	Die große Anzahl der Briefmarkensammler unter unseren **Lesern** wird die regelmäßig in der Samstag-Ausgabe wiederkehrende "Aktuelle Briefmarken-Ecke" wohl begrüßen.				

Abbildung 13: Datensatz mit Type- und Token-bezogenen Informationen

Durch die Lemmatisierung enthält jeder Datensatz eines Tokens Angaben zum entsprechenden Type, sodass die Datensätze der Types und Tokens in einer Datenbank miteinander verbunden werden können. Aufgrund dieser Verknüpfung lassen sich die Informationen zu Beleg und Lemma bequem gleichzeitig anzeigen (vgl. Abbildung 13).

Aufgabe 22: Dokumentieren und klassifizieren Sie die Belege aus Aufgabe 21 in Kapitel 4.6 nach dem Schema in Abbildung 13.

4.8 Auswertung und Interpretation der Daten

Auf welche Weise die Korpusdaten schließlich ausgewertet werden, hängt von verschiedenen Faktoren ab. Von Bedeutung ist in erster Linie natürlich die Fragestellung der Untersuchung. Diese entscheidet darüber, ob die erhobenen Daten qualitativ oder quantitativ ausgewertet werden. Daneben spielen aber auch das Vorhandensein bzw. die Art der Annotation sowie das Medium, in dem das Korpus vorliegt, eine Rolle.

Die meisten Korpusprogramme können die wichtigsten Kennzahlen wie die Anzahl von Textwörtern, die Anzahl der Types und Tokens berechnen. Bei einem Papierkorpus hingegen werden diese Zahlen von Hand ermittelt. Sind die exzerpierten Belege in einer Belegdatei erfasst und klassifiziert, erleichtert das die quantitative Auswertung der Daten. Die Korpusgröße muss hingegen nach wie vor manuell berechnet werden.

Um die Größe eines Papierkorpus zu ermitteln, reicht es im Normalfall aus, nur für einen Teil des Korpus alle Textwörter zu zählen und anschließend die Gesamtgröße hochzurechnen. Der Textausschnitt sollte aber nicht zu kein gewählt werden: empfehlenswert ist es, mindestens 5%, besser 10% des Korpus auszuzählen. Anschließend lässt sich die Gesamtgröße des Korpus durch Multiplikation errechnen. Um eine größere Genauigkeit bei der Hochrechnung zu erreichen, sollte man, wenn man die Möglichkeit hat, die Berechnung nicht auf der Grundlage von Textseiten, sondern von Textzeilen vornehmen. Wichtig ist auch, sich vorab darüber klar zu werden, was als Textwort gezählt werden soll und was nicht. Sollen etwa Abkürzungen wie *z.B.* oder *GmbH* als ein oder als mehrere Textwörter gezählt werden? Wie werden Währungs- und Paragraphenzeichen behandelt, wie Zahlenkolonnen, wie trennbare Verben wie *anrufen* (*er ruft an*) oder *einkaufen* (*sie kauft ein*)?

Bevor man daran geht, die Belege auszuwerten, sollte man nochmals die Type-Zuordnung und die Klassifikation der Belege kritisch prüfen und festlegen, wie man mit problematischen Fällen verfährt. Bei meiner Studie zum Wortbildungswandel ergab sich z.B. eine Vielzahl von Fragen aus der sprachhistorischen Distanz. So stellte ich fest, dass einige der Wortformen mit *-er*-Suffix ehemalige Pluralformen darstellen (vgl. 31a), bei anderen handelte es sich trotz Großschreibung nicht um nominale, sondern um adjektivische *-er*-Derivate (vgl. 31b).

(31) a. Bollwerker, Kabinetter, Kopfzeuger, Parlamenter
      b. Mainzer [Innenstadt], Schweizer [Käse], Teutoburger [Wald]

Bei Zweifelsfällen sollte man sich fragen, ob man diese Belege in die Auswertung einbezieht oder nicht. Ist man unsicher, sollte man sie besser aus der Auswertung ausschließen. Dafür, wie man mit solchen Zweifelsfällen umgeht, gibt es leider keine Faustregel. Man wird also in jedem Fall neu überlegen müssen, wie man im Einzelfall entscheidet.

Ist geklärt, welche Belege berücksichtigt und welche ausgeschlossen werden, kann man mit der Auswertung beginnen. Hat man mit Karteikarten gearbeitet, so rechnet man die Zahl aller Type-Kärtchen und aller Token-Kärtchen zusammen. Sind Types und Tokens in einer Datei erfasst, zählt man die Datensätze. Als Ergebnis erhält man die Zahl aller für die untersuchte Fragestellung relevanten Types und Tokens. Im Mainzer Zeitungskorpus fanden sich bei einer Gesamtgröße von 1,031 Mio. Textwörtern 8.996 Belege (Tokens) für nominale *-er*-Derivate, die sich auf 2.083 verschiedene Derivate (Types) verteilten. Aus diesen Zahlen lässt sich errechnen, dass knapp 0,9% aller Textwörter im Mainzer Zeitungskorpus nominale *-er*-Derivate sind und dass das Type-Token-Verhältnis 1:4,3 beträgt, d.h. dass auf jedes Type durchschnittlich 4,3 Tokens entfallen. Ist es das Ziel einer Studie, die Verbreitung eines bestimmten Phänomens in einem Korpus zu bestimmen, so ist die Untersuchung an diesem Punkt abgeschlossen. Gestaltet sich die ursprüngliche Fragestellung komplexer, sind für die Auswertung weitere Schritte notwendig. In der Regel wird es dann darum gehen, die Zahl der ermittelten Types und Tokens nach zusätzlichen Kriterien auszuwerten.

So wurde im Mainzer Zeitungskorpus die Zahl der Types und Tokens für jedes Teilkorpus gesondert ermittelt. Darüber hinaus berechnete ich auch die Anzahl der Hapax Legomena, d.h. die Anzahl jener Types, die nur einmal in einem Teilkorpus belegt waren (vgl. Kapitel 3.2). Tabelle 3 zeigt die normalisierten Ergebnisse für eine Teilkorpusgröße von 100.000 Textwörtern.

	1609	1650	1700	1750	1800	1850	1900	1950	2000
Types	161	97	175	224	236	312	356	426	558
Tokens	700	357	635	728	639	839	1.039	1.158	1.376
Hapax Leg.	54	23	50	57	77	103	144	177	306

Tabelle 3: Mainzer Zeitungskorpus: Nominale -er-Derivate

Aufgabe 23: Bitte berechnen Sie für die einzelnen Teilkorpora die Produktivität und das Type-Token-Verhältnis (vgl. Kapitel 3.2). Wie passen Ihre Ergebnisse zu der Beobachtung, dass sich das Wortbildungsmuster diachron ausgebreitet hat?

Aufgabe 24: Bitte vergleichen Sie die Ergebnisse des Mainzer Zeitungskorpus mit den Ergebnissen zum Frühneuhochdeutschen im Erlanger und im Würzburger Korpus (vgl. Aufgabe 12, Kapitel 3.3). Was stellen Sie fest?

Wie lassen sich die ermittelten Zahlen interpretieren? Wie die normalisierten Daten in Tabelle 3 zeigen, steigt die Zahl der Types und Tokens zwischen dem ersten und dem letzten Erhebungszeitraum fast konstant an. Dasselbe gilt auch für die nur einmal belegten Types, die Hapax Legomena. Alle drei Tendenzen konnten statistisch abgesichert werden. Man kann also zusammenfassend sagen, dass die Zahl der nominalen -er-Derivate in den letzten vier Jahrhunderten zugenommen hat. Aus dieser Feststellung lässt sich folgern, dass sich das untersuchte Wortbildungsmuster im Deutschen diachron ausgebreitet hat.

Da es in dem Projekt aber nicht nur darum ging, die diachrone Verbreitung der nominalen -er-Derivation zu untersuchen, habe ich die Anzahl von Types und Tokens auch in Abhängigkeit von den drei klassifizierten Merkmalen Bedeutung des Derivats, Basiswortart sowie Komplexität der Basis ermittelt.

Aufgabe 25: Nach der Auszählung des Mainzer Zeitungskorpus ergaben sich die unten stehenden Zahlen. In welchem der Teilkorpora finden sich die meisten Personenbezeichnungen (Types, Tokens), in welchem die meisten Objektbezeichnungen (Types, Tokens)?

	1609	1650	1700	1750	1800	1850	1900	1950	2000
Textwörter (in Tsd.)	98,9	98,3	98,0	102,8	101,1	108,6	149,5	136,5	137,4
Person Types	153	87	156	207	214	313	446	498	687
Person Tokens	640	303	574	688	608	847	1.417	1.435	1.740
Objekt Types	5	8	14	19	19	20	74	68	56
Objekt Tokens	52	48	47	54	24	55	116	113	80

Aufgabe 26: Bitte berechnen Sie das Type-Token-Verhältnis in den einzelnen Teilkorpora. Vergleichen Sie die Ergebnisse mit den Ergebnissen aus Aufgabe 23. Was stellen Sie fest?

Bei der Auswertung der Ergebnisse konnte ich zweierlei feststellen: Zum einen stieg bei allen untersuchten Gruppen die Anzahl der Types und Tokens im Untersuchungszeitraum an, bei Personenbezeichnungen ebenso wie bei Objektbezeichnungen, bei Derivaten mit nominaler Basis ebenso wie bei Derivaten mit verbaler Basis, bei Derivaten mit einfacher Basis ebenso wie bei Derivaten mit komplexer Basis. Diese Feststellung deckt sich mit der oben gemachten Beobachtung, dass sich die nominale -er-Derivation insgesamt ausgedehnt hat. Die zweite Feststellung war, dass sich -er-Derivate mit bestimmten Merkmalen stärker ausbreiteten als andere: Die Zahl der Objektbezeichnungen nahm prozentual mehr zu als die der Personenbezeichnungen, die Zahl der Derivate mit verbalen Basen stieg stärker als die der Derivate mit nominalen Basen und die Derivate mit komplexer Basis hatten sich stärker vermehrt als die Derivate mit einfacher Basis. Dies veranlasste mich zu dem Schluss, dass Veränderungen in der Wortbildung abhängig sind von den Merkmalen, die das abgeleitete Derivat oder die Ableitungsbasis aufweisen.

4.9 Anmerkungen zum selbst erstellten computerlesbaren Korpus

Prinzipiell gibt es zwei Möglichkeiten, wie man zu einem auf die eigenen Bedürfnisse zugeschnittenen computerlesbaren Korpus kommt. Die einfachste Möglichkeit ist sicherlich die bereits in Kapitel 4.3 genannte Methode, das eigene Korpus als Teilmenge eines vorhandenen Korpus zu definieren oder aus Teilen bestehender Korpora zusammenzusetzen. Die Alternative ist, selbst Material zu sammeln und daraus ein Korpus zu erstellen. Da die Aufbauprinzipien für Papierkorpora und Computerkorpora identisch sind, sollte man sich dabei an den in Kapitel 1.4 und 4.4 genannten Kriterien zum Aufbau eines Korpus orientieren.

Wenn man selbst Texte für ein elektronisches Korpus erheben will, ist es sinnvoll, zuerst nach geeigneten Texten zu suchen, die bereits in computerlesbarer Form, also als Textdatei, vorliegen. Texte und Textarchive im Internet oder Textveröffentlichungen auf CD-ROM eignen sich als Quellen für ein Computerkorpus und lassen sich in der Regel ohne größere Probleme als Textdatei auf dem eigenen PC speichern. Eine interessante Quelle für literarische Texte ist das Projekt Gutenberg, das Tausende von Romanen, Novellen, Gedichten, Märchen und Fabeln vom Mittelalter bis in die Gegenwart enthält. Texte aus dem Internet, konkret die Protokolle von zwei Chatkanälen zu Computerthemen, nutzte beispielsweise Burri (2003), um die Spontanschreibung im Chat zu erforschen. Wie digitale Texteditionen, nämlich zwei CD-ROM-Ausgaben von Goethes Werken, als Grundlage für Korpusstudien genutzt werden können, zeigt die Arbeit von Stricker (2000) zur Wortbildung um 1800. Unabhängig davon, aus welchen Texten ein Korpus letztendlich zusammengestellt wird, ist es wichtig, das Urheberrecht zu beachten und die Texte nur im Rahmen der gesetzlich zugelassenen Möglichkeiten zu verwenden. Gegebenenfalls sollte man von den Sprechern bzw. Autoren die Erlaubnis zur Verwendung der Texte einzuholen.

Nicht immer aber sind die Texte, die man für eine Korpusuntersuchung braucht, auch in computerlesbarer Form vorhanden. Dies ist häufig der Fall, wenn man Untersuchungen plant, die sich nicht mit der gut dokumentierten modernen Schriftsprache befassen. Betroffen sind zum einen Untersuchungen zur gesprochenen Sprache, für die nur wenige Korpora und elektronisch aufbereitete Quellen verfügbar sind (vgl. Kapitel 2.7). Betroffen sind zudem sprachhistorische Arbeiten, da auch hier Korpora fehlen und Texte aus älteren Sprachstufen häufig nur in gedruckter Form vorliegen (vgl. Kapitel 2.8). Schließlich stellt man auch bei Untersuchungen zu Nicht-Standardvarietäten wie der Sprache von Kindern, Jugendlichen und Nichtmuttersprachlern häufig fest, dass kaum elektronische Quellen existieren (vgl. Kapitel 2.9).

Fehlen computerlesbare Textquellen, bleibt schließlich die Möglichkeit, die benötigten Texte einzuscannen und mithilfe eines Texterkennungsprogramms in eine Textdatei umzuwandeln oder die Texte abzutippen. Insbesondere bei Aufnahmen gesprochener Sprache oder handgeschriebenen Texten ist dies die einzige Möglichkeit, den Originaltext in ein computerlesbares Format zu bringen. Liegen keine passenden Texte in Dateiform vor, sollte man sich aber prinzipiell die Frage stellen, ob ein elektronisches Korpus für die eigene Untersuchung zwingend erforderlich ist oder ob man das Korpus nicht auch von Hand auswerten kann. Hierbei sollte man bedenken, dass insbesondere bei kleineren Korpora der Aufwand, den das Erstellen einer computerlesbaren Version bedeutet, den späteren Nutzen leicht übersteigt.

Ein eigenes elektronisches Korpus aufzubauen, ist aber immer dann sinnvoll, wenn man wie Blaha *et al.* (2001) eine komplexe Fragestellung wie die Charakterisierung einer Varietät verfolgt (vgl. Kapitel 1.5). Um die Sprache der Bochumer Stadtverwaltung zu analysieren, sollten Konkordanzen für verschiedene Fachbegriffe erstellt werden, was die Übertragung der Texte in eine computerlesbare Form erforderlich machte. Eine ähnlich komplexe Fragestellung, nämlich die Untersuchung der Flexionsmorphologie im gesprochenen Substandard, hat auch Kösters-Gensini (2002) dazu veranlasst, die von ihr aufgenommenen Gespräche nicht nur phonetisch zu transkribieren, sondern in eine computerlesbare Textdatei zu überführen.

Der entscheidende Vorteil, den ein elektronisches Korpus gegenüber einem Papierkorpus bietet, ist die Möglichkeit, Suchprozesse zu automatisieren (vgl. Kapitel 3.4). Bereits mithilfe der Suchfunktion, die in jedem Textverarbeitungsprogramm enthalten ist, kann man in Textdateien nach bestimmten Wortformen wie *Häusern* oder Wortteilen wie *bio-* suchen. Diese Art der Suche nach Wortformen bzw. Wortteilen ist allerdings relativ zeitaufwändig, da man nach jedem Treffer einzeln suchen muss. Zudem findet man je nach Suchbegriff eine mehr oder weniger große Zahl an Wortformen, die für die Untersuchung nicht relevant sind, z.B. die Wörter *dubios* oder *Symbiose* bei der Suche nach dem Wortbestandteil *bio-* (*Biologe, Biobauer, Biotop*).

Jedoch kann spezielle Korpussoftware dazu verwendet werden, um die Arbeit mit dem eigenen elektronischen Korpus weiter zu vereinfachen. Konkordanzprogramme, die wie AntConc von Laurence Anthony zum Teil kostenlos erhältlich sind, ermöglichen es, für das Korpus Wortlisten und Konkordanzen zu erstellen. Wortlisten lassen sich in einer Textdatei jedoch auch ohne spezielle Software mithilfe von Ersetzungs- und Sortierfunktionen erzeugen.

Schließlich können bei einem computerlesbaren Korpus verschiedene Annotationsprogramme verwendet werden, um das Korpus für komplexere Suchabfragen auf Wort- oder Satzebene vorzubereiten (vgl. Kapitel 4.5). Die Annotation eines elektronischen Korpus kann manuell, computergestützt oder automatisch erfolgen. Die computergestützte oder automatische Annotation ist jedoch im Hinblick auf den damit verbundenen Aufwand nur bei größeren Korpora lohnend. Die manuelle Annotation hingegen ist zeitintensiver und im Regelfall weniger konsistent. Allerdings können menschliche Annotatoren auch ambige oder ungewöhnliche Strukturen wie etwa Fehlschreibungen korrekt kodieren, an denen Computerprogramme scheitern.

Die Programme, die ein Korpus lemmatisieren, taggen und parsen, werden als Lemmatisierer, Tagger und Parser bezeichnet. **Lemmatisierer** identifizieren syntaktische Wortformen im Text wie etwa *sie, sind* und *mit* in dem Beispielsatz in (26) und ordnen diese dem dazugehörigen Lemma-Type, in diesem Fall dem Personalpronomen *SIE*, dem Verb *SEIN* und der Präposition *MIT*, zu (vgl. Abbildung 14).

	Sie	sind	mit	dem	Zug	gefahren
	↓	↓	↓	↓	↓	↓
Lemma	SIE	SEIN	MIT	DER	ZUG	FAHREN

Abbildung 14: Funktionsweise eines Lemmatisierers

Ein **Tagger** bestimmt anhand der vorliegenden Wortform die Wortart und die grammatischen Merkmale der Wortform, bei Substantiven wie *Zug* also etwa Genus, Numerus und Kasus (vgl. Abbildung 15).

	Sie	sind	mit	dem	Zug	gefahren
	↓	↓	↓	↓	↓	↓
Wortart	Personalpronomen	Hilfsverb	Präposition	definiter Artikel	Nomen	Vollverb
Flexion	3. Person Plural Nominativ	3. Person Plural Präsens		maskulin Singular Dativ	maskulin Singular Dativ	Partizip Perfekt

Abbildung 15: Funktionsweise eines Taggers

Parser analysieren die Struktur von Sätzen und fügen Informationen auf Satzebene in den Text ein. Sie bestimmen beispielsweise syntaktische Kategorien und syntaktische Funktionen. Die Voraussetzung für das Parsen eines Korpus ist, dass die Texte bereits getaggt sind. Für den Beispielsatz in (26) würde ein Parser etwa zu den folgenden Ergebnissen gelangen:

(32) syntaktische Kategorien
    Satz (S):   Sie sind mit dem Zug gefahren.
    Nominalphrase (NP): Sie
    Verbalphrase (VP):   sind mit dem Zug gefahren
    Präpositionalphrase (PP):   mit dem Zug
    Nominalphrase (NP):   dem Zug

(33) syntaktische Funktionen
    Subjekt: Sie
    Prädikat: sind   gefahren
    Adverbial: mit dem Zug

Die Annotation eines elektronischen Korpus wird heutzutage häufig maschinell vorgenommen, allerdings mit unterschiedlichem Erfolg. Während die meisten Tagger bis zu 98% aller Textwörter korrekt annotieren, liegt die Erfolgsrate von Parsern mit bis zu 80% deutlich niedriger. Aus diesem Grund werden viele Korpora nicht maschinell, sondern wie die Tübinger Baumbanken computergestützt geparst. Der hohe Aufwand bei der Annotation auf Satzebene ist auch der Grund dafür, warum die Zahl und der Umfang der geparsten Korpora insgesamt relativ gering ist. Getaggte Korpora sind hingegen relativ weit verbreitet.

Leicht zugängliche Tagger, die ein deutschsprachiges Textkorpus auf Wortebene annotieren, sind z.B. *Morphy* von Wolfgang Lezius oder der von Helmut Schmid entwickelte TreeTagger des Instituts für maschinelle Datenverarbeitung (IMS) in Stuttgart. Als Beispiel für einen Parser sei hier @nnotate genannt, ein Programm, das Thorsten Brants und Oliver Plaehn in Saarbrücken erarbeitet haben. Jedes dieser Programme ist für wissenschaftliche Zwecke frei erhältlich. All jenen, die über ausreichende Kenntnisse verfügen, steht zudem die Möglichkeit offen, eigene Programme zu schreiben, um individuelle Annotationen vorzunehmen und spezielle Suchabfragen zu erstellen.

4.10 Zusammenfassung

Eine Korpusstudie umfasst das Formulieren der Fragestellung, das Auswählen bzw. Aufbauen und Aufbereiten des Korpus sowie die Erhebung, Aufbereitung und Auswertung der Daten.

Ein computerlesbares Korpus erfordert einen höheren Arbeitsaufwand beim Aufbau als ein Papierkorpus, lässt sich aber leichter auswerten. Ein Papierkorpus ist hingegen einfacher aufzubauen, dafür ist der Aufwand bei der Auswertung größer.

Die Kodierung von Korpusdaten kann in Form einer Korpusannotation erfolgen oder auf die Klassifizierung der relevanten Belege beschränkt sein.

Grundbegriffe: Beleg, Belegklassifikation, Korpusannotation, Lemmatisierung, Lemmatisierer, Parser, Parsing, Tagger, Tagging, Tagset

Weiterführende Literatur
Einen guten Überblick über unterschiedliche Formen und Methoden der Annotation bieten Lemnitzer/Zinsmeister (2006, Kapitel 4) sowie die Aufsätze in Garside *et al.* (Hgg.) (1997). Erste Informationen zum Urheberrecht bietet der Aufsatz von Patzelt (2005).

5. Arbeiten mit bestehenden Korpora

5.1 Das World Wide Web als Korpus?

Ob man das World Wide Web als Korpus bezeichnen will oder nicht, hängt davon ab, wie man den Begriff Korpus definiert. Versteht man unter einem Korpus lediglich eine Sammlung von Texten, die als Gegenstand einer (sprach)wissenschaftlichen Untersuchung dient, so muss man die Frage bejahen. Definiert man den Begriff hingegen wie in Kapitel 1.3 als Textsammlung, die bewusst unter sprachwissenschaftlichen Gesichtspunkten zusammengestellt wurde und die darüber hinaus bestimmte Kriterien wie Repräsentativität oder Beständigkeit erfüllt (vgl. Kapitel 1.4), so kann man das Internet schwerlich als Korpus bezeichnen, selbst wenn die Texte leicht per Computer zu erschließen sind. Im Internet ist jedoch weder die Art, noch die Anzahl, noch der Umfang der enthaltenen Texte geplant, Repräsentativität ist nicht gegeben, und der Umfang des World Wide Webs verändert sich konstant.

Unter bestimmten Bedingungen kann man das Web dennoch für Korpusanalysen einsetzen, auch wenn es den Kriterien, die ein Korpus erfüllen sollte, nicht entspricht. Im Vergleich zur Arbeit mit gezielt erstellten Korpora sind allerdings einige Dinge zu bedenken. Diese betreffen zum einen die Eignung, zum anderen die Verwendungsmöglichkeit des Webs als Korpus.

Problematisch bei der Nutzung des Webs als Korpus ist, dass dessen genauer Inhalt eine Blackbox ist. Niemand kann sagen, wie groß das Netz ist, wie viele Textwörter es enthält, welche Arten von Texten, ja nicht einmal, welche Sprachen, geschweige denn Sprachvarietäten es enthält. Was die Größe des Webs betrifft, existieren lediglich Schätzungen und Hochrechnungen. Im Jahr 2003 wurde allein der über Suchmaschinen erreichbare deutschsprachige Teil des Webs auf über sieben Milliarden Textwörter geschätzt, der englischsprachige Teil auf rund 75 Milliarden Textwörter. Inzwischen ist das Web weiter gewachsen.

Korpora sind, sofern es sich nicht um Monitorkorpora handelt, von endlicher Größe. Für alle Korpora, auch für Monitorkorpora, gilt indes, dass man ihre Größe zu einem bestimmten Zeitpunkt angeben kann. Diese Größenangabe ist beim World Wide Web nicht möglich. Während bei Korpusanalysen üblicherweise die Ergebnisse in Relation zur Korpusgröße gesetzt und so in einen bestimmten Rahmen eingeordnet werden können (vgl. Kapitel 3.3), ist dies bei Ergebnissen aus dem Web nicht möglich.

Zwar kann man im Internet die Existenz bestimmter sprachlicher Einheiten überprüfen, aber eine Aussage über die Größenordnung, in der sich das Phänomen bewegt, ist problematisch. Was beispielsweise bedeutet es, wenn man 28 Treffer für das Wort *Himbeermarmeladenbrötchen* findet? Und was, wenn man "ungefähr" 346 Millionen Treffer für *Museum* erzielt? Das Web erlaubt insofern zwar qualitative Korpusanalysen, aber keine unmittelbar quantitativen Auswertungen. Will man das Internet für quantitative Untersuchungen nutzen, ist es sinnvoller, einzelne Texte aus dem Internet auszuwählen und daraus ein eigenes Korpus zusammenzustellen (vgl. Kapitel 4.9).

Neben der unbekannten Größe des Internets sind es vor allem die fehlende Repräsentativität und die Qualität der Daten, die die Erforschung sprachlicher Fragestellungen erschweren. So sollte man die Tatsache, dass man mithilfe einer Suchmaschine 152 Treffer für die Fehlschreibung *Brtöchen* erhält, nicht dahingehend interpretieren, dass *Brtöchen* ein Wort ist, das zudem fünf bis sechs Mal häufiger vorkommt als etwa *Himbeermarmeladenbrötchen* mit nur 28 Treffern. Schließlich sind auch die Beschränkungen zu bedenken, die die verwendete Suchmaschine auferlegt. Prinzipiell ist hier nur die Suche nach Wortformen oder Wortteilen, nicht aber die Suche nach Lexemen oder grammatischen Strukturen wie Flexion oder Wortstellung möglich. Die wenigsten Suchmaschinen geben die Anzahl der gefundenen Belege an, vielmehr bezieht sich die Angabe der Trefferzahl auf die gefundenen Seiten. Diese können jedoch durchaus mehrere passende Formen enthalten.

Dennoch ermöglicht das Internet einen unmittelbaren Zugriff auf eine immense Menge an authentischen Sprachdaten. Es wäre unsinnig, dieses Potenzial nicht zu nutzen. Zum einen lässt sich problemlos die Existenz von Wörtern oder idiomatischen Wendungen überprüfen und auch für seltene Wörter, die in anderen öffentlich zugänglichen Korpora unterrepräsentiert sind, ausreichendes Material finden. Zum anderen macht es die Einschränkung auf bestimmte Domänen oder Verzeichnisse des Netzes wie etwa Kultur, Gesundheit oder Wissenschaft möglich, die Suche auf bestimmte Varietäten zu begrenzen.

Neben der im Vergleich mit anderen Korpora höheren Fehlerquote (allein über 150 Belege für *Brtöchen*) ist zu bedenken, dass das Web ein mehrsprachiges Medium darstellt. So findet sich etwa unter den 346 Millionen Treffern für *Museum* eine mehr oder minder große Zahl an Treffern aus anderen Sprachen, selbst wenn man die Suche auf Seiten auf Deutsch oder aus Deutschland eingeschränkt hat. Die Mehrsprachigkeit des Netzes lässt sich jedoch auch gewinnbringend nutzen, z.B. für den Fremdsprachunterricht oder bei der Suche nach Übersetzungen. Durch Frequenzvergleiche lässt sich etwa herausfinden, welche der englischen Bezeichnungen für *Kind* (*child, infant, kid*) am häufigsten verwendet wird. Zu bedenken ist allerdings, dass im Internet auch viele Texte – insbesondere englische – stehen, die nicht von Muttersprachlern verfasst wurden. So geht z.B. der im Web verbreitete englische Terminus *superproportional* 'überproportional' vermutlich auf deutsche Muttersprachler zurück. Die englische Entsprechung von *überproportional* lautet *disproportionate*.

Eine gute Möglichkeit, das Internet systematisch zur Suche nach bestimmten Ausdrücken zu nutzen, bieten spezielle Konkordanzprogramme, wie die bereits erwähnte Internetkonkordanz WebConc von Matthias Hüning (vgl. Abbildung 16).

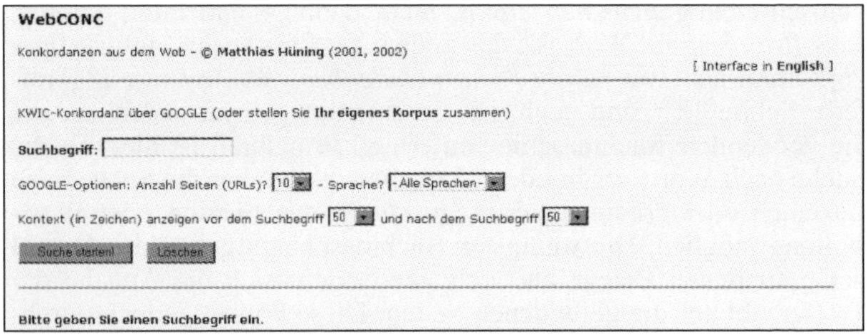

Abbildung 16: WebConc: Startseite

Aufgabe 27: Bitte erstellen Sie eine Internetkonkordanz für die Wörter *Mittel* und *Schein*. Überprüfen Sie anschließend 50 Treffer. Welche unterschiedlichen Bedeutungen finden Sie? Vergleichen Sie Ihre Ergebnisse mit den Wörterbucheinträgen von *Mittel* und *Schein*. Was stellen Sie fest?

5.2 Das DWDS-Kernkorpus

Die beiden DWDS-Korpora, das Kernkorpus und das Ergänzungskorpus, entstanden im Rahmen eines groß angelegten Wörterbuchprojekts, dem Projekt Digitales Wörterbuch der deutschen Sprache des 20. Jahrhunderts (DWDS). Dieses Projekt hat zum Ziel, den

Wortschatz des vergangenen Jahrhunderts in seiner gesamten Breite darzustellen, und macht sich dazu die Möglichkeiten der elektronischen Datenverarbeitung und maschinell lesbarer Textkorpora zunutze. Die DWDS-Korpora sind somit nicht im Hinblick auf korpuslinguistische Recherchen, sondern primär für lexikografische Zwecke geplant und erstellt worden. Die Konzeption des digitalen Wörterbuchs und die zur Verfügung gestellten Abfragemöglichkeiten erlauben es jedoch bis zu einem gewissen Grad, korpuslinguistische Untersuchungen vorzunehmen.

Das **DWDS-Kernkorpus** enthält rund 100 Millionen Textwörter aus dem gesamten 20. Jahrhundert, die sich auf die Textsorten Belletristik (26%), Zeitungstexte (27%), Fachliteratur (22%), Gebrauchstexte (20%) und gesprochene Sprache (5%) verteilen. Bei Bedarf kann getrennt nach Textsorten und/oder Dekaden recherchiert werden. Das Ergänzungskorpus enthält rund eine Milliarde Textwörter, zumeist Zeitungstexte jüngeren Datums, die nach dem Kriterium der Verfügbarkeit gesammelt wurden. Es ist aus Urheberrechtsgründen nicht öffentlich zugänglich. Das DWDS-Kernkorpus hingegen ist über die Homepage des DWDS gebührenfrei zugänglich. Über die Seiten des DWDS kann man zudem auf weitere Korpora mit jeweils mehreren Millionen Textwörtern Umfang zugreifen, etwa auf die Archive der *ZEIT*, des *Berliner Tagesspiegels* und der *Potsdamer Neuesten Nachrichten* sowie auf Korpora mit DDR-Texten oder jüdischen Periodika.

Abbildung 17: Projekt Digitales Wörterbuch (DWDS): Startseite

Ohne vorherige Anmeldung kann man in einem Teil des DWDS-Kernkorpus recherchieren, der rund 22 Millionen Textwörter aus den Jahren 1900 bis 1945 umfasst. Um Zugang zu dem gesamten Kernkorpus zu erhalten, ist es erforderlich, sich einmalig über die DWDS-Homepage zu registrieren. Bereits unmittelbar nach der Registrierung ist es möglich, sich mit seinen Nutzerdaten anzumelden und das gesamte Kernkorpus zu nutzen.

Das DWDS-Kernkorpus ist ein annotiertes Korpus. Es ist lemmatisiert und getaggt (vgl. Kapitel 4.5). Zwei Arten korpuslinguistischer Recherche sind möglich: zum einen die Suche nach Belegstellen für bestimmte Wörter, Wortteile oder Wortverbindungen, zum anderen die Suche nach Kollokationen. Beide Abfragearten können direkt auf der Startseite des DWDS erfolgen. Für die Suche nach Textbelegen wählt man die Option CORPORA, für die Suche nach Kollokationen die Option WORTINFORMATION.

Sucht man nach Textbelegen, so kann man festlegen, welcher Zeitraum und welche Textsorte (alle, Zeitung, Belletristik, Wissenschaft, Gebrauchsliteratur) durchsucht wird. Außer dem DWDS-Kernkorpus kann aber auch eines der anderen verfügbaren Korpora wie das Archiv der *ZEIT* ausgewählt werden. Zusätzlich hat man die Möglichkeit, die Anzahl und das Anzeigeformat zu bestimmen.

Einfache Suchabfragen, z.B. nach Lexemen, Wortformen oder Wortbestandteilen, sind im DWDS-Kernkorpus problemlos möglich. Wichtig zu beachten sind lediglich zwei Dinge: Zum einen sucht das Abfrageprogramm prinzipiell nach Lemma-Types. Will man gezielt nach Wortformen suchen, muss man dies speziell kenntlich machen. Dies gilt auch für die Suche nach Wortbestandteilen (vgl. Tabelle 4). Zum anderen wird bei der Suche zwischen Groß- und Kleinschreibung unterschieden.

Sie suchen:	Sie finden:	
Haus	*Haus, Hauses, Häuser...*	alle Flexionsformen von *HAUS*
@Haus	*Haus*	nur die Wortform *Haus*
bio*	*Biograf, biologische, Bioethik, Bioladen...*	alle Wortformen, die mit *bio-* beginnen
*lich	*namentlich, schlich, verglich, westlich...*	alle Wortformen, die mit *-lich* enden

Tabelle 4: DWDS: Beispiele für einfache Suchausdrücke

Abbildung 18 zeigt ein Beispiel für eine Suchabfrage. Gesucht wird im Zeitraum von 1990 bis 2000 in wissenschaftlichen Texten nach Wörtern, die auf *-sprache* enden. Angezeigt werden sollen insgesamt 100 Treffer, zehn je Seite, im KWIC-Format.

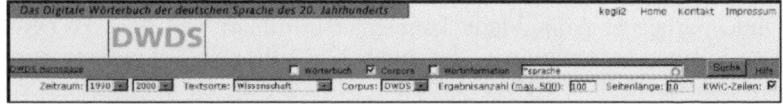

Abbildung 18: DWDS: Suchabfrage nach dem Wortende *-sprache*

Die obige Suchabfrage ergab insgesamt 336 Treffer. Die ersten zehn davon sind in Abbildung 19 dargestellt.

Nr.	TK	Datum	Links	Keyword	Rechts
1	Wi	1991	darf nur insofern der Korrektur, als die benutzte	**Programmiersprache**	auch das algorithmische Denken prägt, das heißt,
2	Wi	1991	rachige - Werke auf den Messen. Der Anteil der	**Gelehrtensprache**	Latein am deutschen Buchmarkt steht in engem Zusa
3	Wi	1991	festzustellen. Nun bildete sich eine deutsche	**Wissenschaftssprache**	mit differenzierter Begrifflichkeit heraus. No
4	Wi	1991	Informatik Typisches, hervorgebracht. Wer eine	**Programmiersprache**	benutzen will, - muß genau wissen, wie man in ihr
5	Wi	1991	r die Überwachung sämtlicher Übersetzungen in die	**Volkssprache**	durch Professoren der Mainzer und Erfurter Landes
6	Wi	1991	en. Syntax ist die Lehre vom Satzbau, und eine	**Programmiersprache**	syntaktisch beherrschen heißt, die sich aus Dekla
7	Wi	1991	klärung in Deutschland auch insgesamt in unserer	**Muttersprache**	haben kann, sehr leicht durch Lesebibliotheken un
8	Wi	1991	emantik ist die Lehre von der Bedeutung, und eine	**Programmiersprache**	semantisch beherrschen heißt, die Bedeutung aller
9	Wi	1991	deutschen Flugschriften um: waren zuvor 72 in der	**Gelehrtensprache**	erschienen, so kamen danach 74 in der **Volksspr**
10	Wi	1991	et. Die Einschränkung auf eine "genügend hohe"	**Programmiersprache**	bedeutet nur, daß die Sprache eine Schleifenanwei

Abbildung 19: DWDS: Ergebnisanzeige im KWIC-Format

Aufgabe 28: Welche Pluralform ist üblich: *Kontos*, *Konti* oder *Konten*? Bitte überprüfen Sie die Pluralformen von *Konto* anhand des DWDS-Kernkorpus. Lassen sich Unterschiede in der Verwendung der Formen feststellen, was die Zeit und die Textsorte betrifft?

Die Suchmaschine des DWDS ermöglicht neben einfachen Abfragen aber auch die Suche nach komplexen Suchausdrücken. Um solche Abfragen vorzunehmen, muss man allerdings eine bestimmte Abfragesyntax befolgen, die hier nur auszugsweise erläutert werden kann. Gesucht werden kann nach der Abfolge mehrerer Wörter wie *das weiße Haus*. Zudem ist es möglich, nach Sätzen zu suchen, die zwei Wörter wie *Mutter* und *Vater* enthalten oder nur das eine, nicht aber das andere, also z.B. das Wort *Mutter*, nicht aber das Wort *Vater*. Einige Beispiele für komplexe Suchanfragen finden sich in Tabelle 5, genauere Informationen bietet die Online-Hilfe des DWDS.

Sie suchen:	Sie finden:
"das weiße Haus"	alle Wortfolgen, in denen flektierte Formen der Lexeme *DAS*, *WEIß* und *HAUS* vorkommen
Mutter && Vater	alle Sätze, in denen die Lexeme *MUTTER* und *VATER* zusammen vorkommen
Mutter || Vater	alle Sätze, in denen entweder das Lexem *MUTTER* oder *VATER* vorkommt
Mutter && !Vater	alle Sätze, in denen das Lexem *MUTTER*, aber nicht das Lexem *VATER* vorkommt
"weiß #1 Haus"	alle Sätze, in denen zwischen den Lexemen *WEIß* und *HAUS* maximal ein weiteres Wort steht

Tabelle 5: DWDS: Beispiele für komplexe Suchausdrücke

Aufgabe 29: Probieren Sie die einfachen und komplexen Suchausdrücke in Tabelle 4 und 5 aus. Zu welchen Ergebnissen führen die Abfragen?
Aufgabe 30: Formulieren Sie Suchabfragen für folgende Aufgabenstellungen. Zu welchen Ergebnissen kommen Sie?

a. Suchen Sie in den belletristischen Texten nach Sätzen, die sowohl das Lexem *BUCH* als auch das Lexem *LESEN* enthalten.
b. Suchen Sie nach Sätzen, in denen zwischen *GROßE* und *AUGEN* maximal ein weiteres Wort steht.
c. Suchen Sie alle Belege für das Lexem *GEHEN* sowie für die Wortformen *gehen*, *ging*, *gegangen* aus den Gebrauchstexten der Jahre 1980 bis 1990.
d. Suchen Sie alle Sätze in Zeitungstexten, die das Lexem *BUNDESREPUBLIK*, aber nicht das Lexem *DEUTSCHLAND* enthalten.
e. Suchen Sie alle Belege der Jahre 1950 bis 1960, die mit der Buchstabenfolge *dy* beginnen bzw. enden.

Neben der Suchabfrage können für einzelne Suchausdrücke auch Kollokationen ermittelt werden. Dazu aktiviert man auf der Startseite die Option WORTINFORMATION und gibt den Suchbegriff, z.B. *blau*, ein. Als Ergebnis erhält man vier Arten von Informationen: erstens einen Wörterbucheintrag, zweitens automatisch erstellte semantische Relationen des Begriffs wie Ober- und Unterbegriffe, drittens einige Textbeispiele aus dem DWDS-Korpus sowie viertens eine ebenfalls automatisch erstellte Grafik mit Kollokationen. Als Kollokationen für das Beispiel *blau* findet man im DWDS *rot*, *grün*, *Himmel*, *gelb* und *weiß*. Eine ausführlichere Darstellung der Kollokationen bietet die Option VOLLANSICHT.

Aufgabe 31: Ermitteln Sie die Kollokationen für *Hund*, *Katze* und *Maus*. Bitte vergleichen Sie die Ergebnisse. Was fällt auf?

5.3 Die Korpora des Instituts für Deutsche Sprache (IDS)

Als erste Anlaufstelle bei der Suche nach Korpora bietet sich das **Institut für Deutsche Sprache (IDS)** in Mannheim an. Das IDS verfügt über die weltweit umfangreichste Sammlung an deutschsprachigen Korpora. Ein großer Teil dieser Korpora ist für wissenschaftliche Zwecke kostenlos zugänglich. Sucht man beim IDS nach einem Korpus, das für die eigene Untersuchung geeignet ist, so ist es wichtig zu wissen, dass die Korpora der gesprochenen und der geschrieben Sprache an zwei unterschiedlichen Stellen verwaltet werden. Die Korpora der geschriebenen Sprache befinden sich im Korpusarchiv der Arbeitsgruppe für Korpustechnologie, die Korpora der gesprochenen Sprache im Archiv für Gesprochenes Deutsch (AGD) der Abteilung Pragmatik.

An schriftsprachlichem Material stehen insgesamt rund zwei Milliarden Textwörter in 50 Korpora zur Verfügung, von denen etwa zwei Drittel öffentlich zugänglich sind. Die Korpora sind der Standardsprache zuzurechnen und erfassen zum größten Teil Texte aus der Zeit nach 1945. Fünf Korpora mit insgesamt sieben Millionen Textwörtern entstammen der Zeit zwischen 1700 und 1945. Neben Texten aus Zeitungen und Zeitschriften beinhalten die IDS-Textkorpora auch belletristische Texte sowie Fach- und Trivialliteratur. Der Schwerpunkt liegt jedoch auf der Zeitungssprache.

Im AGD werden derzeit 38 Korpora der gesprochenen Sprache verwaltet, von denen 27 öffentlich zugänglich sind. Die Korpora umfassen insgesamt über viertausend Stunden an Video- und Tonbandmaterial sowie mehr als sechseinhalbtausend Transkripte. Aufgenommen wurden unterschiedliche Varietäten des Deutschen im In- und Ausland, Dialekte und Umgangssprachen ebenso wie die Standardsprache in unterschiedlichen Kommunikationssituationen und sozialen Kontexten. Knapp zwei Millionen Textwörter aus den Archiven des AGD sind für eine Gesprächsrecherche zugänglich.

Für die Recherche in den Korpora und die Analyse der Daten stellt das IDS ein eigens entwickeltes Programm, **Cosmas II**, zur Verfügung. Um mit diesem Programm arbeiten zu können, ist eine vorherige Anmeldung notwendig, die jedoch problemlos über die Internetseiten des IDS möglich ist. Anschließend kann man Cosmas II sowohl online nutzen als auch lokal unter Windows installieren. Der Vorteil, den die lokal installierte Version bietet, ist, dass sie im Vergleich mit der Online-Version über mehr Funktionen und eine ausführlichere Dokumentation verfügt.

Im Bereich der geschriebenen Sprache werden unter Cosmas II derzeit rund fünfeinhalb Millionen Texte in mehreren Archiven verwaltet, dessen größtes das Archiv der geschriebenen Sprache ist. Die Archive stellen den Aufbewahrungsort für die insgesamt über 150 physischen Teilkorpora dar. Jedes dieser Teilkorpora gliedert sich in einzelne Dokumente, die wiederum aus einzelnen Texten zusammengesetzt sind. So besteht das *taz*-Teilkorpus von 1997 aus zwölf Dokumenten, die eine unterschiedliche Zahl an Texten aus den einzelnen Monaten enthalten. Das Dokument aus dem Juli 1997 umfasst z.B. 4.858 Texte mit je einem Artikel.

Der Zugriff auf die einzelnen Texte erfolgt unter Cosmas II über virtuelle Korpora. Diese sind nicht zu verwechseln mit physischen Korpora. Virtuelle Korpora bestehen aus Teilen eines Archivs, also physischen Teilkorpora, Dokumenten und/oder Texten, die vom Benutzer individuell zu maßgeschneiderten Korpora zusammengestellt werden können. Zudem stellt Cosmas II für die Recherche eine Reihe bereits definierter virtueller Korpora zur Verfügung.

Alle Korpora des IDS sind nicht nur lemmatisiert, sondern auch morphologisch analysiert, d.h. für jedes Textwort wurden die enthaltenen Morpheme ermittelt. Diese morphologische Analyse ermöglicht zum einen die Zuordnung von Flexionsformen zum dazugehörigen Lexem, zum anderen schafft sie aber auch die Möglichkeit, in Cosmas II nach einzelnen Wortbildungsaffixen zu suchen. Eines der Archive enthält zudem Korpora, die wie das LIMAS-Korpus morphosyntaktisch annotiert sind. In diesen morphosyntaktisch annotierten Korpora ist z.B. die Suche nach bestimmten Verbformen wie *zu*-Infinitiven oder Formen des Futur I oder II möglich.

Die Such- und Analysemöglichkeiten, die Cosmas II eröffnet, sind sehr vielfältig. Wie im DWDS-Kernkorpus kann man einfache Stichwortsuchen vornehmen und dabei nach Wortformen wie *Häusern*, Lexemen wie *HAUS* oder Wortteilen wie dem Wortanfang *be-* oder dem Wortende *-chen* suchen (vgl. Tabelle 6).

Sie suchen:	Sie finden:	
Haus	*Haus*	nur die Wortform *Haus*
&Haus	*Haus, Hauses, Häuser...*	alle Flexionsformen von *HAUS*
be*	*bei, Belag, Besen, bereit, besten, betragen...*	alle Wortformen, die mit *be-* beginnen
*chen	*bisschen, Häuschen, mischen, Wochen...*	alle Wortformen, die mit *-chen* enden

Tabelle 6: Cosmas II: Beispiele für einfache Suchausdrücke

Man kann in Cosmas II Platzhalter aber nicht nur am Anfang oder Ende eines Wortes einsetzen, sondern auch im Wortinneren. Man kann also bei einer Suchabfrage z.B. den Wortanfang *se-* und das Wortende *-en* angeben und für die Wortmitte Platzhalter benutzen, die dann einen (*se?en*) oder mehrere (*se*en*) beliebige Buchstaben ersetzen. Da die Korpora morphologisch analysiert sind, sind die Abfragen in Cosmas II nicht auf Buchstabenfolgen beschränkt. Gesucht werden können auch einzelne Morpheme wie das Präfix *be-* oder das Suffix *-chen*. Auch die Suche nach Satzzeichen wie Frageoder Ausrufezeichen ist möglich (vgl. Tabelle 7).

Darüber hinaus bietet Cosmas II eine Vielzahl weiterer Suchmöglichkeiten: Man kann nach bestimmten Wortabfolgen suchen oder nach dem Vorkommen zweier oder mehrerer Wörter im selben Text. Man kann nach Texten suchen, in denen ein bestimmtes Wort wie *Hund* vorkommt, ein anderes wie *Katze* aber nicht. Man kann überprüfen, ob zwei Suchausdrücke wie *Auto* und *fahren* in einem bestimmten Abstand voneinander vorkommen oder nicht. Schließlich kann man auch alle diese Optionen miteinander kombinieren, was bei Bedarf sehr präzise Suchabfragen ermöglicht.

Sie suchen:	Sie finden:	
se?en	*Segen, sehen, seien, Selen, Seren...*	alle Wortformen, bei denen zwischen *se* und *en* genau ein Buchstabe steht
se+en	*Seen, Segen, sehen, seien, Selen, Seren...*	alle Wortformen, bei denen zwischen *se* und *en* kein oder genau ein Buchstabe steht
se*en	*sechsten, Seen, Seelen, Segen, segelten, Segmenten, sehen...*	alle Wortformen, bei denen zwischen *se* und *en* beliebig viele Buchstaben stehen
&be-	*bekochen, belügen, beraten, besingen...*	alle Wortformen, die das Präfix *be-* enthalten
&-chen	*Bäumchen, Häuschen, Kindchen, Stückchen...*	alle Wortformen, die das Suffix *-chen* enthalten
\?	*Was hast du gesagt? Sollen wir gehen? ...*	alle Sätze, die mit einem Fragezeichen enden

Tabelle 7: Cosmas II: Beispiele für komplexe Suchausdrücke

Die Suchmöglichkeiten von Cosmas II sind damit noch lange nicht ausgeschöpft, ganz zu schweigen von den Möglichkeiten, die die integrierten Analysefunktionen wie z.B. die Kollokationsanalyse bieten. Einen guten Überblick über die Möglichkeiten, die man bei der Korpusrecherche und -analyse in Cosmas II hat, kann man auf den Internetseiten des IDS gewinnen.

Wie läuft nun eine Suchabfrage in Cosmas II ab? Ich möchte das am Beispiel einer Online-Suche nach dem Diminutivsuffix *-chen* verdeutlichen. Das Suffix *-chen* wird im Deutschen üblicherweise dazu verwendet, von Nomen wie *Haus* oder *Kind* Verkleinerungsformen wie *Häuschen* und *Kindchen* abzuleiten. Die Korpusrecherche in Cosmas II gliedert sich in mehrere Phasen, die zur Orientierung in einer Leiste am linken Rand des Arbeitsbereichs angezeigt werden (vgl. Abbildung 20).

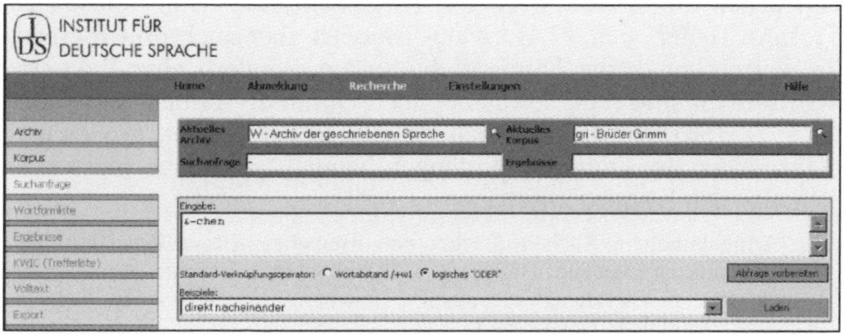

Abbildung 20: Cosmas II: Arbeitsmaske der Online-Version

83

Bevor man mit der eigentlichen Suche beginnen kann, muss man ein Archiv und in diesem Archiv ein virtuelles Korpus festlegen, in dem gesucht werden soll. Welches Archiv und welches Korpus man auswählt, hängt von der untersuchten Fragestellung ab. Will man die Sprache des 19. Jahrhunderts untersuchen, wird man das Archiv der historischen Korpora wählen, will man deutsche Gegenwartssprache untersuchen, ist das Archiv der geschriebenen Sprache eine gute Wahl. Es bietet nicht nur die meisten Korpora, sondern enthält auch Korpora verschiedener Textsorten wie Zeitung und Belletristik sowie Korpora aus Deutschland, Österreich und der Schweiz. Zudem kann man im Archiv der geschriebenen Sprache mit einer einzigen Abfrage alle öffentlich zugänglichen Korpora gleichzeitig durchsuchen. Für die Suche nach dem Suffix -chen wurde das Grimm-Korpus ausgewählt, das sich im Archiv der geschriebenen Sprache befindet (vgl. Abbildung 20).

Ist die Entscheidung für ein bestimmtes Korpus gefallen, so kann man die Suchabfrage formulieren. Dazu sollte man sich vorher mit der Struktur der Abfragen in Cosmas II vertraut machen (vgl. Tabelle 6, 7). In Cosmas II finden sich Beispiele für Suchabfragen, die man ausprobieren kann. Die Suchabfrage, die für das Suffix -chen formuliert wurde, ist in Abbildung 20 dargestellt. Wichtig ist zu beachten, dass man, um nach Affixen suchen zu können, im Menü EINSTELLUNGEN die Lemmatisierung von Komposita und sonstigen Wortbildungsformen aktivieren muss.

Hat man die Suchabfrage formuliert, wird die Suche mit dem Button ABFRAGE VORBEREITEN gestartet. Daraufhin erzeugt Cosmas II eine Wortformliste, d.h. eine Liste aller Wortformen, die den Kriterien der Suchanfrage entsprechen. Bei der Suche nach dem Suffix -chen im Grimm-Korpus erhält man insgesamt 103 Treffer, von denen die ersten 20 in (34) dargestellt sind. Unter diesen 20 Treffern finden sich 17 Derivate, daneben aber auch drei Formen, die vermutlich keine Diminutivbildungen, sondern eher flektierte Wortformen sind (vgl. 35a), aber auch Diminutivformen sein könnten (vgl. 35b). Um festzustellen, ob es sich bei *Aschen*, *Eichen* und *Gebräuchen* um Diminutivbildungen handelt oder nicht, muss man sich also den Kontext anschauen.

(34) Armenlaibchen, Aschen, Becherchen, Beinchen, Besenchen, Bettchen, Bißchen, Brüderchen, Bündelchen, Deckbettchen, Eckchen, Eichen, Federchen, Fensterchen, Fingerchen, Fischchen, Fliegenbeinchen, Gebräuchen, Händchen, Haspelchen

(35) a. Aschen < Asche+n, Eichen < Eiche+n, Gebräuchen < Gebräuche+n
b. As+chen 'kleines As', Ei+chen 'kleines Ei', Gebräu+chen 'kleines Gebräu'

Durch Ankreuzen in der Wortliste kann man wählen, ob man die Fundstellen für alle oder nur für ausgewählte Wortformen ansehen will. Prinzipiell sollte man darauf achten, die Suchanfrage möglichst zu präzise formulieren, da Cosmas II ansonsten leicht eine Vielzahl irrelevanter Wortformen liefert, die man entsprechend manuell nachbearbeiten muss.

Aufgabe 32: Unternehmen Sie im Grimm-Korpus eine Suche nach dem Wortende *-chen* (**chen*) Bitte vergleichen Sie anschließend die ersten 20 Treffer mit den Ergebnissen in (34). Was fällt auf?

Hat man sich entschieden, welche Wortformen man eingehender prüfen will, drückt man den Button ERGEBNISSE, um in die Ergebnisanzeige zu gelangen. Die Ergebnisanzeige bietet einen Überblick über alle gefundenen Belegstellen. Die Anzahl der Treffer wird je nach Wunsch per Dokument angezeigt oder nach bestimmten Zeitabschnitten (Monaten, Jahren, Jahrzehnten) zusammengefasst.

Im nächsten Schritt erhält man für die ausgewählten Wortformen eine Auflistung aller Treffer im KWIC-Format. Wie groß der angezeigte Kontext sein soll, kann man selbst festlegen. Umfasst die KWIC-Darstellung nur eine Textzeile, so werden die Textzeilen so angeordnet, dass der Suchbegriff bündig untereinander steht (vgl. Abbildung 21).

dem einen hatte der reiche Schulze ein **Armenlaibchen** geschenkt, das könne er mit
zu Ahlden wohnte zu der Zeit Otto **Aschen** von Mandelslohe, Drost und
ging, sein Getreid zu mahlen, sei es zu **Aschen** geworden, einem andern Scheuer
auf sieben Tellerchen und in sieben **Becherchen**, und von jedem Tellerchen aß
ein Bröckchen, und aus jedem **Becherchen** trank es ein Schlückchen; in das
trank es ein Schlückchen; in das letzte **Becherchen** aber ließ es das Ringlein fallen,
trinken, und suchten ihre Tellerchen und **Becherchen**.
wer hat aus meinem **Becherchen** getrunken?

Abbildung 21: Cosmas II: Konkordanz im KWIC-Format (Ausschnitt)

Wie die Konkordanz in Abbildung 21 zeigt, handelt es sich bei den beiden Belegen für die Wortform *Aschen* wie vermutet nicht um Diminutivbildungen mit dem Suffix *-chen*, sondern einmal um einen Namen (*Otto Aschen von Mandelslohe*) und einmal um eine veraltete Flexionsform zum Lexem ASCHE. Da auch in der KWIC-Liste die Möglichkeit besteht, alle oder nur eine bestimmte Anzahl an Treffern auszuwählen, kann man die beiden Belege von der weiteren Bearbeitung ausschließen, bevor man im nächsten Schritt zur Volltextanzeige übergeht (vgl. Abbildung 22).

Sie hatten heut nur ein paar Blechpfennige gekriegt, aber dem einen hatte der reiche Schulze ein **Armenlaibchen** geschenkt, das könne er mit seinem Gesellen teilen.

Darauf trug das Zwerglein die Speise der Raben herein auf sieben Tellerchen und in sieben **Becherchen,** und von jedem Tellerchen aß das Schwesterchen ein Bröckchen, und aus jedem Becherchen trank es ein Schlückchen; in das letzte Becherchen aber ließ es das Ringlein fallen, das es mitgenommen hatte.

Abbildung 22: Cosmas II: Ergebnisse in der Volltextanzeige (Ausschnitt)

Die Volltextanzeige stellt den größeren Textzusammenhang dar, in dem der gefundene Begriff steht. In der Regel ist dies ein ganzer Textabsatz, man kann aber auch hier die Größe des Kontextes variieren. In der Volltextanzeige hat man ein letztes Mal die Möglichkeit, die Zahl der Treffer durch Auswahl zu reduzieren, bevor man in einem letzten Schritt die Ergebnisse für die weitere Bearbeitung exportieren kann.

Der Export erfolgt in Form einer ASCII- oder rtf-Datei. Wahlweise kann man die Treffer im KWIC- und/oder im Volltextformat exportieren. Wählt man das Volltextformat, so kann man zusätzlich zur Textstelle auch den Quellennachweis ausgeben lassen. Nach dem Export der Daten kann man die benötigten Treffer in einem beliebigen Programm weiterverarbeiten und auswerten. Zu beachten ist allerdings, dass der Export auf maximal 10.000 Treffer beschränkt ist. Möchte man mehr Treffer exportieren, muss man seine Suche in mehrere Teilabfragen zerlegen.

Aufgabe 33: Probieren Sie die Suchausdrücke in Tabelle 6 und 7 im Korpus der Belletristik/Trivialliteratur aus. Wie viele Types und Tokens finden Sie?

Aufgabe 34: Formulieren Sie Suchabfragen für folgende Aufgabenstellungen. Zu welchen Ergebnissen kommen Sie?

a. Suchen Sie in allen öffentlich zugänglichen Korpora nach der doppelten Pluralform *Praktikas*.

b. Suchen Sie in allen öffentlich zugänglichen Korpora nach den Lexemen *downloaden* und *updaten*. Erstellen Sie ausgehend von Ihren Ergebnissen ein Flexionsparadigma für die beiden Verben.

c. Ermitteln Sie im Bonner Zeitungskorpus alle Wortformen, die mit *ein-* beginnen und mit *-ung* enden.

d. Suchen Sie in allen öffentlich zugänglichen Korpora nach Wortformen, die den Wortbestandteil *linguistik* enthalten.

5.4 Das TIGER-Korpus

Das **TIGER-Korpus** ist die bekannteste deutschsprachige Baumbank. Es enthält rund 50.000 Sätze mit insgesamt knapp 900.000 Textwörtern, die der *Frankfurter Rundschau* entnommen sind. Das TIGER-Korpus ist nicht nur auf Wortebene annotiert, d.h. getaggt, sondern auch auf Satzebene, d.h. geparst. Dabei werden auf Satzebene sowohl syntaktische Kategorien wie Nominalphrase und Präpositionalphrase als auch syntaktische Funktionen wie Subjekt und Akkusativ-Objekt angegeben. Als Baumbank unterscheidet sich das TIGER-Korpus deutlich von den in Kapitel 5.2 und 5.3 vorgestellten Korpora von DWDS und IDS, die nur auf der Wortebene annotiert sind. Da das TIGER-Korpus geparst ist, ermöglicht es zudem eine ganz andere Art von Suchabfragen.

Wenn man mit dem TIGER-Korpus arbeiten will, muss man zuerst für das Korpus und die dazugehörige Software eine Lizenz beantragen. Beide werden für wissenschaftliche Zwecke kostenlos ausgestellt und per Mail zugesandt. Anschließend kann man die passwortgesicherten Dateien aus dem Internet herunterladen und auf dem eigenen PC installieren. Bevor man mit der Suche beginnen kann, muss das Korpus allerdings mithilfe eines eigenen Programms (TIGERRegistry) indiziert werden. Die einzelnen Schritte sind in der Installationsanweisung genau beschrieben. Ist die Indizierung abgeschlossen, kann mit der Suche im Programm TIGER-Search begonnen werden. Ein umfangreiches mitgeliefertes Benutzerhandbuch sowie die integrierten Hilfetexte helfen bei der Arbeit mit TIGERSearch, das ebenso wie das Benutzerhandbuch und die integrierte Hilfe vollständig in englischer Sprache verfasst ist.

Um sich mit TIGERSearch vertraut zu machen, empfiehlt es sich, zuerst die EXPLORE-Funktion aus dem Menü CORPUS auszuprobieren. Diese Funktion öffnet den TIGERGraphicViewer, in dem die einzelnen Sätze des Korpus in Form von Syntaxbäumen dargestellt werden. In diesem Fenster kann man die Sätze des Korpus nacheinander durchblättern oder einzelne Sätze aussuchen, indem man eine Satznummer eingibt.

Die im TIGERGraphicViewer angezeigten Syntaxbäume enthalten drei Arten von Informationen zu einem Satz wie in (36): die Primärdaten, d.h. die Textwörter, sowie Informationen auf Wort- und Satzebene.

(36) Sie ertragen das schlechte Leben mit Ironie.

Die Primärdaten werden als chronologische Abfolge von Buchstabenketten dargestellt, die die Endpunkte der syntaktischen Struktur bilden. Jedes einzelne Textwort ist auf Wortebene mit Informationen über seine Wortart versehen. So enthält der obige Beispielsatz das Personalpronomen (PPER) *sie*, die finite Verbform (VVFIN) *ertragen*, den Artikel (ART) *das*, das attributive Adjektiv (ADJA) *schlechte*, das Nomen (NN) *Leben*, die Präposition (APPR) *mit* sowie das Nomen (NN) *Ironie* (vgl. Abbildung 23).

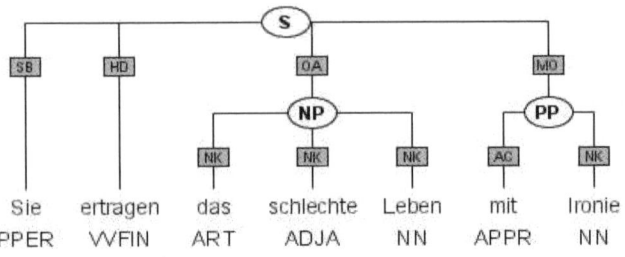

Abbildung 23: TIGER-Korpus: Syntaxbaum für Satz (36)

Auf Satzebene werden sowohl syntaktische Funktionen als auch syntaktische Kategorien markiert. Syntaktische Kategorien werden in runden weißen Kästchen, syntaktische Funktionen in eckigen grauen dargestellt. Der Satz (S) in Abbildung 23 enthält eine Nominalphrase (NP) *das schlechte Leben* und eine Präpositionalphrase (PP) *mit Ironie*. In diesem Satz übernimmt *sie* die Funktion des Subjekts (SB), *ertragen* bildet den verbalen Kopf (HD=Head), *das schlechte Leben* ist Akkusativ-Objekt (OA) und *mit Ironie* stellt ein modifizierendes Element (MO), hier ein Adverbial, dar.

Mithilfe des TIGER-GraphicViewers kann man sich also die syntaktische Struktur aller Sätze im Korpus darstellen lassen. Will man aber nach bestimmten Informationen im Korpus suchen, reicht die EXPLORE-Funktion nicht aus. In diesem Fall kann man mithilfe des Abfrageeditors eigene Abfragen formulieren. Wie beim DWDS-Kernkorpus und den IDS-Korpora wird dazu eine bestimmte Abfragesprache (TIGER language) benötigt. Mit dieser Abfragesprache lassen sich von der einfachen Stichwortsuche bis hin zu komplexen mehrfach beschränkten Abfragen mit mehreren Variablen alle möglichen Arten von Suchabfrage erstellen. So kann man wie im DWDS-Kernkorpus nach Sätzen suchen, die bestimmte Wortformen wie *Haus* oder Wörter mit bestimmten Wortbestandteilen wie *bio-* oder *-lich* enthalten. Zu beachten ist, dass Groß- und Kleinschreibung auch in TIGERSearch unterschieden wird.

Der eigentliche Zweck einer Baumbank ist jedoch nicht die Suche nach Wörtern, Wortformen oder Wortteilen. Diese lassen sich in einem getaggten, aber nicht geparsten Korpus einfacher und bequemer ermitteln. Der Vorteil, den Baumbanken haben, ist vielmehr, dass sie Suchabfragen auf der Satz- oder Phrasenebene erlauben. So kann man in TIGERSearch gezielt nach Sätzen suchen, die bestimmte Wortarten wie Interjektionen oder bestimmte Phrasentypen wie Nominalphrasen enthalten (vgl. die Suchausdrücke in Tabelle 8).

Suchabfrage:	Sie finden:	
[pos="ITJ"]	*äh, ach, gell, pfui...*	alle Sätze, die Interjektionen enthalten
[cat="NP"]	*ein prächtiger Diktator, den Milliardär, nur vage Auskunft über seine Wirtschaftspolitik...*	alle Sätze, die Nominalphrasen enthalten

Tabelle 8: TIGER-Korpus: Beispiel für die Suche nach Wortarten und Phrasen

Die Abfragesyntax von TIGERSearch ist jedoch zu komplex, um sie an dieser Stelle angemessen behandeln zu können, weshalb ich mich im Folgenden auf eine allgemeine Darstellung der Suchmöglichkeiten beschränke und nur einzelne Beispiele für Suchausdrücke nenne. Wer mit dem TIGER-Korpus arbeiten möchte, wird ohnehin kaum darum herumkommen, sich ausführlicher mit der TIGER-Abfragesprache zu beschäftigen. In den Abfragen können UND-, ODER- und NICHT-Verknüpfungen vorgenommen werden. Wenn man beispielsweise Nebensätze mit dem Relativpronomen *das* untersuchen will, so kann man nach der Wortform *das* bzw. nach der Wortart Relativpronomen suchen und aus den Ergebnissen anschließend die benötigten Sätze herausfiltern. Sinnvoller aber ist es, beide Informationen in TIGERSearch zu einer Suchabfrage zu kombinieren.

Die Möglichkeiten, die TIGERSearch eröffnet, gehen weit über die obigen Beispiele hinaus. So kann nach Phrasen gesucht werden, die einen bestimmten Aufbau haben, etwa Nominalphrasen mit der Form Artikel + Nomen wie in (37) oder mit der Form Artikel + Adjektiv + Nomen wie in (38).

(37) den Milliardär, ein Unternehmen

(38) ein prächtiger Diktator, eine absolute Katastrophe

Auch Hierarchiebeziehungen innerhalb eines Satzes können im TIGER-Korpus abgefragt werden. So kann man z.B. nach Sätzen suchen, in denen hierarchisch übergeordnete Adjektivphrasen (AP) eine hierarchisch untergeordnete Präpositionalphrase (PP) enthalten. Die Suchabfrage liefert dann Ergebnisse wie die Sätze in (39).

(39) a. Schließlich sei die Regierung [auch [für die nationale Sicherheit und allgemeine Wohlfahrt]$_{PP}$ verantwortlich]$_{AP}$.
      b. Wie die Polizei mitteilte, detonierte der [[in einem Auto]$_{PP}$ versteckte]$_{AP}$ Sprengsatz am Vormittag in der Nähe des städtischen Stadions.

Die Ergebnisse der Suchabfragen werden in Form von Strukturbäumen ausgegeben, die man im TIGERGraphicViewer ansehen oder ausdrucken kann. Abbildung 24 zeigt einen Ausschnitt aus dem Syntaxbaum für Satz (39b). Zudem lassen sich die Ergebnisse aus TIGERSearch exportieren.

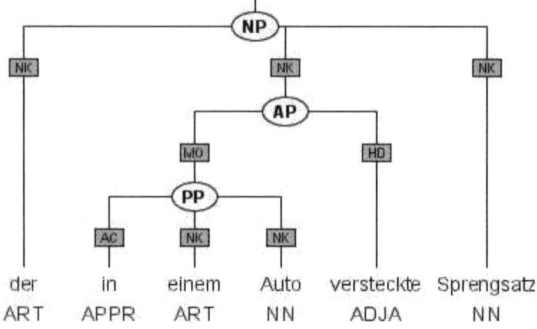

der   in   einem   Auto   versteckte   Sprengsatz
ART   APPR   ART   NN   ADJA   NN

Abbildung 24: TIGER-Korpus: Syntaxbaum Satz (39b) (Ausschnitt)

Suchabfragen im TIGER-Korpus zu formulieren ist also deutlich schwieriger, als im Internet, im DWDS-Kernkorpus oder auch in Cosmas II nach bestimmten Ausdrücken zu suchen. Eine Möglichkeit, die Suchabfragesprache zu umgehen, bietet die Option der grafischen Suche, bei der man die Teilstrukturen, nach denen gesucht werden soll, per Mausklick zusammenstellen kann. Wie die logische Suchabfragesprache muss man sich aber auch den Aufbau grafischer Suchabfragen zuerst aneignen. Dennoch lohnt sich der Einarbeitungsaufwand für all jene, die in einem bestehenden Korpus eine Untersuchung zu syntaktischen Kategorien oder syntaktischen Funktionen durchführen wollen.

5.5 Zusammenfassung

Das World Wide Web ist kein Korpus. Man kann es jedoch unter bestimmten Voraussetzungen für Korpusanalysen verwenden.
Das DWDS-Kernkorpus ermöglicht einfache und komplexere Suchabfragen auf Wortebene.
Das IDS stellt eine Vielzahl an Korpora der gesprochenen und geschriebenen Sprache zur Verfügung. Mithilfe von Cosmas II sind einfache und komplexe Suchen und Analysen auf Wortebene möglich.
Das TIGER-Korpus ist eine Baumbank. Es ermöglicht einfache und komplexe Suchabfragen auf Wort- und Satzebene.

Grundbegriffe: DWDS-Kernkorpus, Institut für Deutsche Sprache (IDS), Cosmas II, TIGER-Korpus

Weiterführende Literatur
Die Nutzung des Internet für Korpusrecherchen diskutieren Kilgarriff/Grefenstette (2003). Einen ersten Einblick in die Arbeit am IDS vermitteln die Aufsätze von Kallmeyer/Schütte (2005) und Perkuhn *et al.* (2005). Eisenberg *et al.* (2005) skizzieren die Grammatik des TIGER-Korpus. Weitere Informationen zum TIGER-Korpus finden sich auch bei Lemnitzer/Zinsmeister (2006). Ausführliche Informationen über die einzelnen Korpora finden Sie auf den jeweiligen Internetseiten.

Informationen zu Korpora

Korpora des Deutschen

Bonner Zeitungskorpus: zugänglich über IDS
Darmstädter Korpus Deutscher Fachsprachen (vgl. Bartsch/Siegrist 2002)
Deutsches Referenzkorpus (DEREKO): zugänglich über IDS
Dürer-Korpus, Erlangen (vgl. Müller 1993)
DWDS-Kernkorpus: www.dwds.de
English/German Translation-Korpus, Chemnitz: www.tu-
    chemnitz.de/phil/english/chairs/linguist/real/independent/transcorpus
Fehler annotiertes Lernerkorpus des Deutschen als Fremdsprache (FALKO),
    Berlin: www2.hu-berlin.de/korpling/projekte/falko
Frühneuhochdeutschkorpus, Bonn: www.ikp.uni-bonn.de/dt/forsch/frnhd
Grimm-Korpus: zugänglich über IDS
International Sample of English Contrastive Texts (INTERSECT):
    www.brighton.ac.uk/languages/contact/academicstaff/intersect.html
Kiel-Korpus: www.ipds.uni-kiel.de/forschung/kielcorpus.de.html
Korpus der Belletristik und Trivialliteratur: zugänglich über IDS
Korpus der Wissensliteratur, Würzburg (vgl. Brendel *et al.* 1997)
LIMAS-Korpus, Bonn: www.ikp.uni-bonn.de/Limas, auch zugänglich über
    IDS
Mainzer Zeitungskorpus (vgl. Scherer 2005):
    www.germanistik.uni-mainz.de/linguistik/wbw
Mannheimer Korpus 1: zugänglich über IDS
Mannheimer-Morgen-Korpus: zugänglich über IDS
Marx-Engels-Korpus: zugänglich über IDS
Mittelhochdeutsch-Korpus, Bochum:
    www.mittelhochdeutsche-grammatik.info/DE/korpus_bonn.html
NEGRA-Korpus, Saarbrücken:
    www.coli.uni-saarland.de/projects/sfb378/negra-corpus
Olmützer medizinisches Korpus (vgl. Vaňková 2005)
Open Source Parallel Corpus (OPUS): logos.uio.no/opus
PAROLE-Korpus (deutsch): ota.ahds.ac.uk/textinfo/2467.html
Pfeffer-Korpus: zugänglich über IDS/AGD
Saarbrücker Korpus der Kindersprache: zugänglich über IDS/AGD
Thomas-Mann-Korpus: zugänglich über IDS
TIGER-Korpus: www.ims.uni-stuttgart.de/projekte/TIGER
Tübinger Baumbank des Deutschen/Schriftsprache (TüBa-D/Z)
    www.sfs.uni-tuebingen.de/de_tuebadz.shtml
Tübinger Baumbank des Deutschen/Spontansprache (TüBa-D/S)
    www.sfs.uni-tuebingen.de/de_tuebads.shtml
Tübinger Partiell Geparstes Korpus des Deutschen/Schriftsprache (TüPP-D/Z)
    www.sfs.uni-tuebingen.de/de_tuepp.shtml
Verbmobil-Korpus: verbmobil.dfki.de
Wendekorpus: zugänglich über IDS

Quellen für Texte und Korpora

Archiv für Gesprochenes Deutsch (AGD) am Institut für Deutsche Sprache
  (IDS): www.ids-mannheim.de/ksgd/agd
Bayerisches Archiv für Sprachsignale (BAS):
  www.phonetik.uni-muenchen.de/Bas/BasHomedeu.html
Bibliotheca Augustana: www.fh-augsburg.de/~harsch/augustana.html
Child Language Data Exchange System (CHILDES): childes.psy.cmu.edu
Deutsch Diachron Digital (DDD): www2.hu-berlin.de/ddd
Deutscher Wortschatz, Leipzig: wortschatz.uni-leipzig.de
Digitales Mittelhochdeutsches Textarchiv, Trier: mhgta.uni-trier.de
European Corpus Initiative Multilingual Corpus I (ECI/MCI):
  www.elsnet.org/resources/eciCorpus.html
European Language Resources Association (ELRA/ELDA): www.elda.org
Heidelberger Hypertext-Server (HDHS):
  www.rzuser.uni-heidelberg.de/~cd2/hdhs
Institut für Deutsche Sprache (IDS), Mannheim: www.ids-mannheim.de
Linguistic Data Consortium (LDC): www.ldc.upenn.edu
Mediaevum: texte.mediaevum.de/index.htm
Projekt Gutenberg: gutenberg.spiegel.de
Thesaurus Indogermanischer Text- und Sprachmaterialien (TITUS), Frankfurt:
  titus.uni-frankfurt.de/indexd.htm

Programme

@nnotate (Parser):
  www.coli.uni-saarland.de/projects/sfb378/negra-corpus/annotate.html
AntConc (Konkordanz): www.antlab.sci.waseda.ac.jp/software.html
Cosmas II: www.ids-mannheim.de/cosmas2
Cosmas II (Online-Version): cosmas2.ids-mannheim.de/cosmas2-web
Morphy (Tagger): www.wolfganglezius.de/morphy
TreeTagger (Tagger): www.ims.uni-stuttgart.de/projekte/corplex/TreeTagger
WebCONC (Konkordanzen aus dem Web):
  www.niederlandistik.fu-berlin.de/cgi-bin/web-conc.cgi

Weitere nützliche Links zur Korpuslinguistik

Linksammlung zur Korpuslinguistik (englischsprachig): David Lee's
  Bookmarks for Corpus-Based Linguists: devoted.to/corpora
Mailingliste zu Korpora (englischsprachig): torvald.aksis.uib.no/corpora
Online-Einführung in die Korpuslinguistik: *liOn* – Linguistik Online:
  luna.lili.uni-bielefeld.de/lion

Literatur

Bartsch, Sabine/Siegrist, Leslie (2002): Anglizismen in Fachsprachen des Deutschen. Eine Untersuchung auf Basis des Darmstädter Corpus Deutscher Fachsprachen. In: Muttersprache 112, 309-323.

Biber, Douglas *et al.* (1998): Corpus Linguistics. Investigating language structure and use. Cambridge: Cambridge Univ. Press.

Blaha, Michaela *et al.* (2001): Verwaltungssprache und Textoptimierung – ein Bochumer Pilotprojekt und seine Evaluation. In: Muttersprache 111, 289-301.

Brendel, Bettina *et al.* (1997): Wort- und Begriffsbildung in frühneuhochdeutscher Wissensliteratur. Substantivische Affixbildung. Wiesbaden: Reichert.

Burri, Gabriela (2003): Spontanschreibung im Chat. In: Linguistik online 15.

Dittmar, Norbert/Bressem, Jana (2005): Syntax, Semantik und Pragmatik des kausalen Konnektors *weil* im Berliner 'Wendekorpus' der neunziger Jahre. In: Schwitalla/Wegstein (Hgg.), 99-124.

Dodd, Bill (Hg.) (2000): Working with German corpora. Birmingham: Univ. Press, 1-39.

Eisenberg, Peter *et al.* (2005): Die Grammatik des TIGER-Korpus. In: Schwitalla/Wegstein (Hgg.), 81-87.

Elter, Irmgard (2005): Genitiv versus Dativ. Die Rektion der Präpositionen *wegen*, *während*, *trotz*, *statt* und *dank* in der aktuellen Zeitungssprache. In: Schwitalla/Wegstein (Hgg.), 125-135.

Evert, Stefan/Fitschen, Arne (2001): Textkorpora. In: Carstensen, Kai-Uwe *et al.* (Hgg.): Computerlinguistik und Sprachtechnologie. Eine Einführung. Heidelberg: Spektrum, 369-376.

Garside, Roger *et al.* (Hgg.) (1997): Corpus Annotation. Linguistic Information from computer Text Corpora. London: Longman.

Grote, Andrea/Schütte, Daniela (2000): Entlehnung und Wortbildung im Computerwortschatz – neue Wörter für eine neue Technologie. In: Busch, Albert/Wichter, Sigurd (Hgg.) (2000): Computerdiskurs und Wortschatz. Corpusanalysen und Auswahlbibliographie. Frankfurt/Main: Lang, 27-124.

Günther, Hartmut (2002): Stolz darauf, ein (z.B.) Germanist zu sein. In: Haß-Zumkehr, Ulrike *et al.* (Hgg.): Ansichten der deutschen Sprache. Tübingen: Narr, 149-163.

Hämmer, Karin (2001): Das Zweitglied *-park* in deutschen Komposita. Eine semantische Beschreibung. In: Barz, Irmhild *et al.* (Hgg.): Das Wort in Text und Wörterbuch. Stuttgart: Hirzel, 63-73.

Haß-Zumkehr, Ulrike (2002): Das Wort in der Korpuslinguistik. Chancen und Probleme empirischer Lexikologie. In: Ágel, Vilmos *et al.* (Hgg.): Das Wort. Seine strukturelle und kulturelle Dimension. Tübingen: Niemeyer, 45-70.

Hausmann, Franz Josef (2004): Was sind eigentlich Kollokationen? In: Steyer, Kathrin (Hg.): Wortverbindungen – mehr oder weniger fest. Berlin: de Gruyter, 309-334.

Hunston, Susan (2002): Corpora in Applied Linguistics. Cambridge: Cambridge Univ. Press.

Kallmeyer, Werner/Schütte, Wilfried (2005): Der Umgang mit Gesprächskorpora am IDS Mannheim: Die Recherche in der COSMAS-II-Gesprächsdatenbank. In: Schwitalla/Wegstein (Hgg.), 71-80.

Kennedy, Graeme (1998): An Introduction to Corpus Linguistics. London: Longman.

Kilgarriff, Adam/Grefenstette, Gregory (2003): Introduction to the Special Issue on the Web as Corpus. In: Computational Linguistics 29, 333-347.

Kösters-Gensini, Sabine (2002): Die Flexionsmorphologie im gesprochenen deutschen Substandard. Untersuchung eines Korpus. Tübingen: Narr.

Lemnitzer, Lothar/Zinsmeister, Heike (2006): Einführung in die Korpuslinguistik. Tübingen: Narr.

Lenz, Susanne (2000): Korpuslinguistik. Tübingen: Groos.

Lezius, Wolfgang (2001): Baumbanken. In: Carstensen, Kai-Uwe et al. (Hgg.): Computerlinguistik und Sprachtechnologie. Eine Einführung. Heidelberg: Spektrum, 377-385.

Linke, Angelika et al. (2004[5]): Studienbuch Linguistik. Tübingen: Niemeyer.

Lüdeling, Anke/Kytö, Merja (Hgg.) (in Vorb.): Corpus Linguistics. An International Handbook. Berlin: Mouton de Gruyter.

McEnery, Tony/Wilson, Andrew (2003[2]): Corpus Linguistics. An Introduction. Edinburgh: Univ. Press.

Meibauer, Jörg et al. (2002): Einführung in die germanistische Linguistik. Stuttgart: Metzler.

Mindt, Ilka (2005): Learner English: Ein Überblick über vorhandene Korpora und mögliche Forschungsansätze. Die Aussprache der englischen Vokale /e/ und /æ/ von deutschen Muttersprachlern. In: Schwitalla/Wegstein (Hgg.), 137-146.

Müller, Peter O. (1993): Substantiv-Derivation in den Schriften Albrecht Dürers. Ein Beitrag zur Methodik historisch-synchroner Wortbildungsanalysen. Berlin: de Gruyter.

O'Halloran, Edel (2002): Gallizismen und Anglizismen in der deutschen Mode- und Gemeinsprache im 20. Jahrhundert. In: Deutsche Sprache 30, 50-65.

Patzelt, Johannes (2005): Urheberrecht. In: Schwitalla/Wegstein (Hgg.), 319-326.

Perkuhn, Rainer et al. (2005): Korpustechnologie am Institut für Deutsche Sprache. In: Schwitalla/Wegstein (Hgg.), 57-70.

Pfeffer, J. Alan (1970): Grunddeutsch. Basic (Spoken) German Dictionary. Englewood Cliffs: Prentice-Hall.

Schanke, Egil (2001): Neuere englische Lehnwörter in der deutschen Wirtschaftssprache aus der Sicht eines Norwegers. In: Muttersprache 111, 235-247.

Scherer, Carmen (2005): Wortbildungswandel und Produktivität. Eine empirische Studie zur nominalen -er-Derivation im Deutschen. Tübingen: Niemeyer.

Schlobinski, Peter (1996): Empirische Sprachwissenschaft. Opladen: Westdeutscher Verl.

Schwitalla, Johannes/Wegstein, Werner (Hgg.) (2005): Korpuslinguistik deutsch: synchron – diachron – kontrastiv. Würzburger Kolloquium 2003. Tübingen: Niemeyer.

Sinclair, John (1991): Corpus, Concordance, Collocation. Oxford: Oxford Univ. Press.

Sinclair, John (1998): Korpustypologie. Ein Klassifikationsrahmen. In: Teubert, Wolfgang (Hg.) (1998): Neologie und Korpus. Tübingen: Narr, 111-128.

Steyer, Kathrin (2002): Wenn der Schwanz mit dem Hund wedelt. Zum linguistischen Erklärungspotenzial der korpusbasierten Kookkurrenzanalyse. In: Haß-Zumkehr, Ulrike et al. (Hgg.): Ansichten der deutschen Sprache. Tübingen: Narr, 215-236.

Stricker, Stefanie (2000): Substantivbildung durch Suffixableitung um 1800. Untersucht an Personenbezeichnungen in der Sprache Goethes. Heidelberg: Winter.

Tellenbach, Elke (2001): Neologismen der neunziger Jahre. Vom Textkorpus zur Datenbank. In: Barz, Irmhild et al. (Hgg.): Das Wort in Text und Wörterbuch. Stuttgart: Hirzel, 105-118.

Teubert, Wolfgang (1998): Korpus und Neologie. In: Teubert, Wolfgang (Hg.): Neologie und Korpus. Tübingen: Narr, 129-170.

Teubert, Wolfgang (1999): Korpuslinguistik und Lexikographie. In: Deutsche Sprache 27, 292-313.

Vaňková, Lenka (2005): Frühneuhochdeutsche medizinische Korpora in Tschechien: Das 'Olmützer medizinische Korpus'. In: Schwitalla/Wegstein (Hgg.), 201-205.

Wagner, Franc (1996): CD-ROM und computerlesbare Zeitungskorpora als Datenquelle für Linguisten. In: Rüschoff, Bernd/Schmitz, Ulrich (Hgg.): Kommunikation und Lernen mit alten und neuen Medien. Frankfurt/Main: Lang, 78-87.

Wynne, Martin (Hg.): Developing Linguistic Corpora. A Guide to Good Practice. Oxford: Oxbow Books. (ahds.ac.uk/linguistic-corpora).

Zifonun, Gisela et al. (1997): Grammatik der deutschen Sprache. Berlin: de Gruyter.

Fachzeitschriften

Computational Linguistics. Cambridge, Mass.: MIT Press.

Corpora. Edinburgh: Edinburgh Univ. Press.

International Journal of Corpus Linguistics (IJCL). Amsterdam: Benjamins.

Literary and Linguistic Computing (LLC). Oxford: Oxford Univ. Press.

Glossar

Annotation Kodierung von zusätzlicher Information in einem Korpus

Baumbank geparstes, d.h. syntaktisch analysiertes Korpus

Hapax Legomenon Type, das nur ein einziges Mal im Korpus belegt ist

Kollokation häufiges gemeinsames Auftreten zweier Wörter

Konkordanz Liste aller Vorkommen eines Suchworts im Kontext

Korpus eine Sammlung von Texten oder Textteilen, die bewusst nach sprachwissenschaftlichen Kriterien ausgewählt und geordnet werden

KWIC (engl. *key word in context*) zeilenweise Darstellungsform von Konkordanzen, bei der das Suchwort in der Mitte einer Zeile steht

Lemma Grundform eines Wortes unabhängig von dessen grammatischer Markierung (morphologisches Wort)

Lemmatisierung Zuordnung von Textwörtern zu Lemma-Types

Lernerkorpus Korpus, das aus Texten von Nichtmuttersprachlern besteht

Metadaten Informationen über die im Korpus enthaltenen Texte

Monitorkorpus Korpus, das sich über die Zeit in seiner Größe oder Zusammensetzung verändert

Normalisierung Umrechnung von Ergebnissen auf eine genormte Korpusgröße

Papierkorpus Korpus, das nur in Papierform vorliegt

Parallelkorpus Korpus, das Originaltexte in einer Sprache und deren Übersetzung in eine oder mehrere andere Sprachen enthält

Parsing syntaktische Analyse, bei der z.B. Informationen zu syntaktischen Funktionen und Kategorien eingefügt werden

Primärdaten Texte, die in einem Korpus enthalten sind

Probenkorpus Korpus, das sich aus Textproben zusammensetzt

Produktivität Wahrscheinlichkeit, neue Tokens für einen Type anzutreffen

qualitative Korpusanalyse Auswertung eines Korpus nach qualitativen Kriterien

quantitative Korpusanalyse frequenzbasierte Korpusauswertung

Referenzkorpus Korpus, das eine Sprache in ihrer Gesamtheit repräsentiert

Repräsentativität Eigenschaft eines Korpus, eine Sprache oder Varietät zuverlässig abzubilden

Spezialkorpus Korpus, das nur einen bestimmten Teil einer Sprache, z.B. eine Varietät, abbildet

statisches Korpus Korpus, das nach seinem Aufbau unverändert bleibt

Tagging Annotation auf Wortebene, bei der z.B. Informationen zu Wortart und Flexion eingefügt werden

Teilkorpus Untereinheit eines Korpus

Textprobe Textteil einer bestimmten Größe, der zum Aufbau eines Korpus verwendet wird

Textwort physisch vorhandene Worteinheit in einem Korpus

Token konkrete sprachliche Einzeläußerung in einem Korpus, auf Wortebene z.B. Wortform-Token

Type abstrakte sprachliche Einheit, die zusammengehörige Tokens zusammenfasst, auf Wortebene z.B. Lemma-Type

Vergleichbares Korpus Korpus, dessen Teilkorpora identische Strukturmerkmale aufweisen

Volltextkorpus Korpus, das nur vollständige Texte enthält

Wortliste Liste aller Wörter oder Wortformen in einem Korpus

Sachregister

**Germanistik
Linguistik**

Universitätsverlag
WINTER
Heidelberg

Kurze Einführungen in die germanistische Linguistik (KEGLI)

Herausgegeben von JÖRG MEIBAUER und
MARKUS STEINBACH

In der Reihe *Kurze Einführungen in die germanistische Linguistik* (KEGLI) erscheinen leicht verständliche und klar geschriebene Einführungen in alle Gebiete der Sprachwissenschaft. Sie wecken Freude an der Beschäftigung mit der deutschen Sprache und befähigen dazu, eigene Sprachanalysen herzustellen. In den Text integrierte Übungen helfen, den vermittelten Stoff zu verstehen und regen weiterführende Fragen an. Die *Kurzen Einführungen* setzen keine speziellen theoretischen Kenntnisse voraus; wichtige Fachbegriffe werden sowohl im Text als auch in einem Glossar genau erläutert. Gezielte Literaturhinweise helfen dem weiter, der sich weiterführend informieren will. Die *Kurzen Einführungen in die germanistische Linguistik* richten sich an Anfänger und Anfängerinnen, gleich welchen Alters oder welcher Ausbildungsstufe, sind aber auch für fortgeschrittene Studierende zu empfehlen.

Informationen zur Reihe und vor allem die Lösungen für die Übungsaufgaben finden Sie auch auf der Homepage: www.kegli-online.de

Band 1:
NANNA FUHRHOP
Orthografie
2005. VIII, 99 Seiten.
Kart. € 13,–
ISBN 3-8253-5069-X

Band 3:
GÜNTHER GREWENDORF
MONIKA RATHERT
Sprache und Recht
(*In Vorbereitung*
Ersch.-Termin: Herbst 2006)